正青春

郑州市第一中学教育文集

主编 韩松

河南科学技术出版社
·郑州·

编　委　会

主编：韩　松

编委：吴建财　叶玉昆　齐艳芬　郑梅花　王保华

袁全超　方金平　淡海彬　朱正海　杨亚萍

宋志成　陈　琳　陈怀忠　李军丽　贾银蕾

图书在版编目(CIP)数据

正青春:郑州市第一中学教育文集/韩松主编. —郑州:河南科学技术出版社,2019.9

ISBN 978-7-5349-9679-5

Ⅰ. ①正… Ⅱ. ①韩… Ⅲ. ①中学教育-教育研究-文集 Ⅳ. ①G632.0-53

中国版本图书馆 CIP 数据核字(2019)第 188216 号

出版发行:河南科学技术出版社

地址:郑州市郑东新区祥盛街 27 号　　邮政编码:450016

电话:(0371)65737028　65788613

网址:www.hnstp.cn

总　策　划:李喜婷

策划编辑:黄甜甜　张春龙

责任编辑:周青珠

责任校对:吴　佳

装帧设计:张　伟

责任印制:张　巍

印　　刷:郑州环发印务有限公司

经　　销:全国新华书店

开　　本:720 mm×1 020 mm　1/16　**印张**:14　**字数**:140 千字

版　　次:2019 年 9 月第 1 版　2019 年 9 月第 1 次印刷

定　　价:49.00 元

前　言

1949年,郑州市第一中学合并新生,承袭了天中书院、东里书院、明新中学的书院之风,治学之道。1959年被确定为“河南省重点中学”,1980年被确定为“河南省首批办好的重点中学”,2004年被确定为首批“河南省示范性普通高中”,2017年4月,被评为首批“河南省普通高中多样化发展示范学校”。

校址几经迁移,2005年郑州市第一中学主校区从桐柏路35号迁至郑州市中原西路182号。目前主校区占地260余亩,建筑面积85400平方米,在校生规模为2700余人,教职工240余人。其中正高级教师2人,高级教师102人,中级教师124人;全日制博士1人,全日制硕士56人。近五年来,学校新晋市级骨干教师27人,市级名师6人,省级骨干教师17人,省级名师11人。

郑州市第一中学自建校以来,继承天中书院、东里书院、明新中学的优秀传统。一届又一届领导集体,带领郑州一中人开拓创新,构建了内涵丰富的教育文化。

早在20世纪60年代，学校就提出了“智力靠自我开发，身心靠自我磨砺，人格靠自我塑造”的人才培养方略。几任校长都自觉扛起“增加学生自由度”的旗帜，从不同角度，用不同策略，切实减少学生学习时间，降低学生作业负担。近年来，新一代的郑州一中人，扎实推进素质教育，提出了“培养自主精神”这一教育理念。学校把“海阔天高，鱼跃鸟飞”作为办学精神和育人目标，就是让学校成为学生自律成长的天空，成为自由翱游的海洋，成为唱出高潮和精彩的舞台，就是让不同层面的学生都能得到最大程度的发展，都能奏响自己生命的幸福乐章。

七秩风华问心曲，青春烂漫一路歌！作为立德树人的主阵地，学校工作定然围绕教育教学展开。如今，站在承上启下的关口，我们将学校近年来关于教育教学的点点滴滴记录成册，既表达对学校过往教育教学的敬意，又期望对未来的工作有所启发。

如今的郑州市第一中学正乘着郑州市大力建设国家中心城市的东风，扬帆起航，再创辉煌！因此，我们将主书名定为《正青春》，寓意一中作为青年学子理想的殿堂，青春常驻，永远不老。

本书共分为五个部分。第一部分“校长说”主要选择韩松同志担任校长后在一些公开场合的发言，以此表现学校办学思想的传承与弘扬。第二部分“国旗下的演讲”选取了过去十年学校“国旗下演讲”活动中的代表性发言稿，以此展现师生的心路历程。（因“国旗下演讲”是以班级形式组织的，故演讲稿署名只具体到班级,个别特殊情况在文后会有注解)第三部分“写意校园”选取了一组师生关于校园的诗文,表现师生对大美一中由衷的爱与赞美。第四部分“诗意师者”选择了在文艺创作和学术研究方面颇有建树的教师的作品,向大家展示一中教师的学者风范。第五部分“聚焦教科研”选择了最近几年学校教师在教科研方面的成就,其中既有学术文章,也有课题成果。

郑州市第一中学的教学生活永远鲜活生动、多姿多彩,很难用几篇文章或者一本书来展示,但我们仍然希望通过这本记录学校教育教学点滴的小书,让您对郑州市第一中学的教育实践有一个新的观察视角。

选文绝大部分都由作者提供,编者稍加修改。同时,由于时间仓促,在选文方面难免出现遗漏,加之编者水平所限,书中或许存有错误或不妥之处,恳请各位方家批评指正。

编者

目录

conents

校长说

“自主发展”之我见

——致家长的一封信

韩 松

2017 年 11 月 12 日

尊敬的各位家长：

你们好！

虽然见字，但未谋面；虽未谋面，但神交已久。我所知道的郑州一中学生家长，虽不是窦燕山，亦不是昔孟母，但却有着他们一样的远见卓识和深明大义。郑州一中的学生家长，让我心怀敬意。

《诗经》有云：“八月剥枣，十月获稻。”今年这个红树平沙，霜飞丹熟的十月，注定来得不平凡：国庆节、中秋节相约而至，诺贝尔奖逐一揭晓，十九大隆重召开，我也荣幸地“牵手”郑州一中。从接到组织任命的那刻起，我就下定决心，坚定信念，要与全校师生员工一道把一中建设好，发展好。

郑州一中是首批被评为河南省普通高中多样化发展的示范学校，郑州一中学生具备很强的科学精神，成绩突出。我们数、理、化、生、计算机五大学科竞赛获奖人数之多，等级之高，是有目共睹的。特别值得一提的是，在2017年河南省数学竞赛中，我校有19名同学荣获省级一等奖，6名同学入选河南省代表队，其中常弋阳同学勇夺河南省冠军。

老校长朱丹同志在任期间，一直夙夜在公，以开阔的视野、多元的思路、执着坚定的改革精神，带领广大师生进行“主体课堂”的探索，尊重每个生命成长的节律，发掘每个生命内在的潜质，赋予每个生命以主人翁的责任与担当，以此激励大家科学求知，自主发展，书写未来。这种决策上的远见卓识，理念上的先进超前，使得我校的育人目标契合中国学生发展核心素养，符合社会对人才的现实需求。

今天，我想借此机会就“自主发展”谈几点我的思考，希望能与诸位家长进行探讨。“自主发展”重在强调能有效管理自己的学习和生活，认识和发现自我价值，发掘自身潜力，有效应对复杂多变的环境，最终成为有明确人生方向、有生活品质的人。但在现实生活中，有很多青年朋友把自主当成了自由，用自由混淆了自主。生长在互联网时代的孩子，在面对“自主”时遭遇了迷茫与困境。

一是随波逐流，无“自”可主。信息的更新迭代、升级转场，使得一部分人徜徉在虚假繁荣的信息海洋里，痴迷于形形色色的新技术和新社交，兴趣爱好朝夕改变，很少集中精力专注于一个目标、一个领域，而是浅尝辄止、碎片化学习，甚至虚浮缥缈地放任自流。我想，自主发展首先要自己在广阔的现实世界中找到一个承重点，圈出一个边界，做出一个选择，并为之集中有限的时间和精力，拒绝各种诱惑，放弃易得的即时快感，承受独自奋斗的孤独与坚持到底的痛苦。

二是标新立异，哗众取宠。从“天生我材必有用”到当下“我要秀自己，有什么不可以”。“活出个性”，似乎是古往今来众人孜孜以求的目标，但为何有的昙花一现，有的彪炳史册，有的遭人唾弃，有的万古流芳？这取决于能否处理好外在与内在，个体与社会之间的关系。自主发展固然强调“每个人都是与众不同的独特个体”，但绝非刻意宣扬个性，求异立名，而是要在遵循规则的前提下，潜心沉思，笃学善问，批判思维，自由其思想，独立其精神。

三是好高骛远，不切实际。1919 年，章太炎在少年中国学会的著名演讲中分析当时的青年有四个弱点：第一个弱点是把事情太看容易，其结果不是侥幸，便是退却；第二个弱点是妄想凭藉已成势力；第三个弱点是虚慕文明；第四个弱点是好高骛远。我想自主发展时，更应该立足现实，准确定位自我。

当然，我们需要有价值判断的自主、独立思考的自主、抒发感情的自主、追求目标的自主、表达自己的自主，但自主绝对不是自由散漫，绝对不是不受限制和约束，绝对不是不服从管理、不遵守纪律。自主不仅是要做“自己的主人”，更要做“自己与外界关系的主人”，在个人与外界发生的关系中处于主动、主导的地位。主动得恰到好处，有礼有节；主导得谦恭克让，温文尔雅。如果失去了度和量的把控，过犹不及也。

当下“自主发展”是时代对广大学子的要求，发展过程中遇到问题并不可怕,可怕的是对自我丧失信心,缺失勇气与担当。鸡蛋,从外打破是食物,从内打破是生命。人生亦是,从外打破是压力,从内打破是成长。一个人的成长与发展,环境、机遇等外部因素固然重要,但更重要的是自身的勤勉与自律。

我们的孩子应该成为具有自主规划能力的人,能将自己的学习和生活安排得井井有条;我们的孩子应该成为具有较强的自控力和内驱力的人,时刻清醒自己该往哪个方向努力,如何去实现自己的目标。学会处理好在课堂上主动学习与被动学习的关系,在自习时自律与他律的关系,在遵守学校规章制度时自觉与强制的关系,希望孩子们都成为既能自主学习,又能与人合作,具有良好的学习习惯、科学的学习方法,学会思考,敢于质疑,勇于探究,并能够把学习所得运用于社会生活中,做到知行合一、慎独律己,成为具备核心素养的社会栋梁。

教育家苏霍姆林斯基说"战胜自己是最不容易的胜利"。那就从这里开始认识自己,开始自我教育,战胜自身的弱点,让勤勉与自律成为自主发展的核心动力!没有规矩不成方圆,没有约束,自由将成为泡影。绝对的自由会导致自我迷茫,迷茫之后有谁还会清醒地记得来路呢,此时危矣!

习近平总书记说,青年一代有理想、有本领、有担当,国家就有前途,民族就有希望。不忘初心,牢记使命。在主体课堂和自主发展为我们勾画美好愿景的同时,希望我们的孩子能更理智地去思考何为真正的主体,何为真正的自主,把握其精髓的深刻,去除其认知的浅薄。

康德说:“有两样事物使我心中不断充满惊奇和畏惧:在我头上繁星密布的苍穹和在我心中的道德法则。”李泽厚将其翻译得更具中国风:“位我上者,灿烂星空;道德律令,在我心中。”

“位我上者,灿烂星空”,这句话表达了康德对未知世界的敬畏。青年对世界充满兴趣,充满想象,更要心存敬畏。请我们的孩子珍惜这即将逝去且不可重返的青春。每天向自己发问:我是不是虚度了?我是不是又将珍贵的时光交付给历史和苍穹了?相信他们会逐渐领悟:生而为人是多么的幸福,能够有时间、有精力、有能力去探索世界是多么的珍贵!

“道德律令,在我心中”,这句话表达了康德内心对道德的自觉认同,对自律的自我期望。人只有在一定的道德、法律约束下,才能真正地享有自由。

因此,我们既要慎独,也要慎群。道德、法律存于心,做事就懂得把握好分寸,为人就懂得有所敬畏。在群体中生活,他人即约束。在想放纵自己时,想想这会给他人、给自己带来什么影响;在想要懈怠时,想想这样做是否有愧于自己的青春,是否背离了自己最初的梦想。

尊敬的家长,在孩子的成长过程中,家校应及时有效沟通、密切合作;在新时代的征程中,家庭、学校和孩子还要继续砥砺前行,不断提高自身的修为,勤奋自勉,积极主动,自律自强,这样的我们才无愧于这个美好时代!

郑州一中是美的,美在拥有一支敢为人先、搏击中流、求是进取、开拓创新的教师队伍；郑州一中是美的，美在拥有一批风华正茂、志存高远、勤励自勉、奋发有为的未来栋梁；郑州一中是美的，美在教风务实、学风醇厚、以生为本。美丽的郑州一中欢迎家长朋友莅临指导，谢谢！

顺祝

安康！

名校之“名”,“名”在何处?

——在 2018 年春季开学典礼上的讲话

韩 松

2018 年 5 月 10 日

老师们,同学们:

大家下午好!

新元复又至,春风徐徐来!

今天我们在此隆重集会,共同迎接新学期的到来。看到同学们朝气蓬勃的青春面庞,我十分欣喜、激动。作为一名曾在教育领域工作、思考、探索了三十多年的教育工作者,大名鼎鼎的郑州一中时常出现在我的工作和生活中,我也经常深思,像郑州一中这样享有盛誉的名校,究竟“名”在何处?

而当我来到郑州一中,成为真正的一中人之后,我对这个问题有了更清晰的、更深刻的认识。今天,群贤毕至,少长咸集,我想就此问题和大家坦诚交流一番。

一、名校之名，名在理念

郑州一中在长期的办学实践中，积累了独特的教育理念和丰厚的校园文化。从这所名校走出去的学子身上深深烙下了郑州一中的印记。他们对理想的坚守、对学习的热爱，以及突出的创新能力、高尚的自主精神，得到了国内及世界各地知名高校的欣赏。他们从一中出发，走向世界，披荆斩棘，建功立业，让郑州一中教育理念绽放光芒！

不忘初心，方得始终。

六十多年来的教育理念、教育哲学为我们继往开来，创新发展，从名校走向更好的名校提供了坚实的保障！

海日生残夜，江春入旧年。

随着高考改革的全面推进，基础教育遭遇了前所未有的挑战，也迎来了改革创新的机遇。郑州一中的发展也进入了新的历史机遇期。新的历史使命和责任要求我们在坚持一中传统理念的基础上，把握发展脉搏，紧跟时代步伐。郑州一中教育理念必须注入新的内涵，新的活力。这是你们的责任，也是我的使命；这是历史和时代交给我们所有一中人的庄严问卷，我们必须做好这个答卷人！

二、名校之名，名在教师

正如我们的校歌所唱的那样“名师荟萃，人才辈出”，那些“德能正其身、才能称其职、言能明其志、笔能成其文”的名师们，让我们一中一直散发着灿烂的名校光芒！

而现在，坐在我们身边的老师们，不论是初出茅庐的新秀，还是硕果累累的老将，他们无不谦虚儒雅、学识渊博，处处散发着智慧的光芒。

名校之名，贵在有名师！

一中曾经的辉煌依靠名师们缔造，一中更加辉煌的未来，则仰仗在场的每一位，一中名师不仅要有志存高远的人文情怀、夙夜在公的工作态度、开阔多元的思路视野、执着坚定的改革精神，更需要我们拥有矢志不渝的信念、逢山开路的担当、行之有效的策略、到达之后的再出发。

三、名师之名，名在学生

这是今天我想重点交流的一个话题。

除夕那天上午，我发现在我们高三积山楼的假期自习室里，有十几名同学依然在认真学习。我想至少在大年三十这天，肯定没有老师要求他们，也没有家长逼迫他们来学校学习，那到底是什么，让他们如此努力地学习，积极地追求？

我们有一个毕业生，因为一中的一场学科讲座，爱上了经济学，立志要让中国的经济学理论在世界产生重要影响！他说，为此他一定要考上中国最好的经济学专业！从此，他就把清北线当成自己的目标。他说，在没有实现自己的目标前，不应该有休息日，每一天都应该是为理想努力奋斗的日子！甚至，他高中三年，去食堂、去宿舍、去卫生间，永远都是一路小跑！

《诗经》有云："靡不有初，鲜克有终。"曾几何时，我们努力拼搏在中考中超越了绝大多数同龄人，怀揣着考进清华北大的梦想，来到神往已久的名校——郑州一中。时至今日，那些梦想还依然炽热吗？如果你听闻此言，有会心的微笑，我真诚地祝贺你葆有初心；如果你听到此处，无奈地自嘲，我也希望你明白，根据自身的情况调整目标，同样难能可贵，重塑梦想，做真实的自己！比拼劲、看现状、想长远，别人的方法、别人的经验不盲从，自己的问题、自己的节奏想清楚！潮流瞬息万变，唯有风格永存！找到属于自己的学习风格，才能学得坚定、学得踏实，学出自信满满的好状态。

名校之名，不仅仅在于升学率，不仅仅在于多少人考上了C9（九校联盟，中国首个顶尖大学间的高校联盟，包括北京大学、清华大学、复旦大学、上海交通大学、南京大学、浙江大学、中国科学技术大学、哈尔滨工业大学、西安交通大学）、985、211，或者现在的双一流；名校之所以成为名校，更重要的在于让它的学生拥有了家国天下的理想，并为之矢志不渝、孜孜以求！

作为一中的学生，你是否永怀强烈而远大的理想？你是否永远保持对理想的不懈追求？如若不是，你又拿什么来和你“一中学生”的身份匹配？同学们，时至今日，一中这块热土已走出去了两位中科院院士。这是郑州任何一所学校都不可比拟的。如果有一天，你和你的老学长相聚，你是相形见绌，还是可以自豪地说：我是您的粉丝，正沿着您的路前行！

如若我们也像那位立志投身经济学的学长一样，怀揣伟大而强烈的理想，我们是否还会迷茫？是否还会犯困？是否还会觉得“王者荣耀”乐趣无比、智能手机须臾不可离身？是否还会为了不交作业而绞尽脑汁编理由找借口，敷衍老师、欺骗家长？

我们“自主发展”的教育理念，绝对不是自由散漫，随波逐流。我们的“自主”，应该是在远大理想的牵引下，自我磨炼、自我完善，自我超越，自我成就的“自主”！

名校之名，贵在有梦想，敢追求的学生；名校之名，贵在有信念，敢担当的学生；名校之名，贵在有韧劲，不任性的学生；名校之名，贵在有品位，不苟且的学生！

同学们，你们有这个责任，也理应心怀梦想，勇敢追求！因为你们是名校的学生，你们是郑州一中的学生！

老师们，同学们，习总书记告诫我们：幸福都是奋斗出来的。

其实所有梦想的实现，所有的成功，所有的美好，都是奋斗出来的。

纸上得来终觉浅，绝知此事要躬行！

新的学期，新的一年，让我们向着未来，向着明天，瞄准航向，扬起风帆，人人奋勇，个个争先。

心怀天下　情系一中

——在 2018 届毕业典礼暨成人礼上的讲话

韩　松

2018 年 5 月 10 日

亲爱的同学、尊敬的家长，各位领导、各位同事：

大家好！

今天，我们在此隆重集会，举行郑州一中 2018 届毕业典礼暨十八岁成人仪式，我欣喜而又激动。

首先，请允许我对长期以来默默付出，甘做一中坚强后盾的家长们致以最真诚的敬意！谢谢你们把宝贝孩子托付给一中，并陪伴一中，一路前行！

同时，我也借此机会，向长期以来关心和支持郑州一中发展的各级领导、各兄弟学校、社会各界朋友表达最衷心的感谢！你们的关心和支持，为一中的发展提供了巨大的动力！

最后，我还要感谢 2018 届全体老师，三年来你们夙夜在公、风雨兼程，为学校付出了大量心血，做出了巨大贡献。你们辛苦了，谢谢你们！

往日如歌，我们以毕业之旋律与一中告别；青春似锦，我们用成人之誓言与未来相约。

同学们，当南归的候鸟再次降落于黄昏的钟楼；当玉兰的花蕊再次捧起清晨的露珠……骊歌渐渐响起，一中求学的时光在你的生命中将渐行渐远，慢慢变成岁月深处的记忆。但是，同学们不必伤感，这记忆可能会模糊，却从不消失，它会永远伴随着你，在你此后生命中的某个瞬间，猝不及防地来拜访你，给你信念、力量和方向。

你们的学长给这记忆取名叫"一中情结"。做你们的校长以来，我多次被这"一中情结"深深震撼！

"十九大"召开前夕，教育部组织"院士回母校"活动，2017年9月14日，郑州一中迎来了1967届毕业生、中国工程院院士苏义脑。你们的这位老学长在分享自己的读书治学、报效祖国的人生经验时说："在郑州一中，老师常说学习要生动、活泼、主动，要动脑筋多思考，注重学习方法；老师总是鼓励我们开拓思维、一题多解。我想，我的钻研精神就是在当时养成的。直到现在做科学研究，郑州一中教给我的学习习惯、思维品质和人文情怀，依旧对我大有帮助。"

苏院士认为自己人生成就的源头在一中，并且一中精神穿越时空，至今仍伴随着他继续前行！这种超过四十年而依然清晰可见的一中情结，怎能不让人动容，怎能不催人奋进！

2017年11月14日早晨，我在清华礼堂准备开会，一位行色匆匆的清华学生找到我，说自己是一中学子，听说母校的校长来清华大学开会，特意赶来见面。在聊天中我得知，她叫葛霄飞,2013 年从郑州一中初中部考进我们的生物竞赛班,高二时参加全国生物决赛,位列第九,保送至清华大学,师从施一公教授。她说她前一天晚上得知我要来开会,但当时正在进行一项实验,一直在实验室工作到凌晨 4:00,没顾得上休息,就赶到礼堂来看我。她说,是郑州一中点燃了她的人生梦想,让她获得了探索未知世界的勇气和力量,如果她能长成一棵参天大树,那么郑州一中一定是她根植的土地!你们年轻学姐这份赤诚的一中情结,让我倍感欣慰!

这两位年龄相差近半个世纪的一中学子,穿越时空,遥相呼应,生动诠释出“一中情结”的灿烂光辉!

这情结,是对历代一中人勤奋好学、精雕细刻的务实精神的强烈回应!这情结,是对历代一中人心怀天下、面向未来的博大襟怀的高度认同!这情结,让我看到历史对这所与共和国同岁的学校的生命礼赞!这情结,也让我看到未来这所学校穿云拨雾、破浪前行的强大力量!

所以,骊歌渐起,并不意味着从此你和一中天各一方,再无联系;骊歌渐起,那是对打点行囊,即将奔赴远方的你的深深祝福!

郑州一中,将是你中学时代求学探索、奋勇争先的终点;而如今,她又成为你突破自我、闯荡世界的起点!同学们,不必困囿于离别的感伤,一中已为你积蓄了起航的力量!你们要做的就是心怀天下,勇敢出发!

你们一届又一届的学长,从这里出发,走向了广阔的未来,在祖国的大地上绽放出绚烂的生命之花!但他们并没有因此停止前进的脚步，从新泽西到慕尼黑，从多伦多到墨尔本，硕士、博士、访问学者……世界各地的著名学府都留下了一中学子拼搏进取的身影。你们既要做追随者，更要做超越者。

毕业典礼，既是对一中求学生涯的总结，又是新的人生之路的开启。今天，不谈离别的伤感，我谨代表你们所有的学长，把这份蕴含着巨大精神力量的“一中情结”交付于你，它是我的祝福，更是我的期待！它将陪伴你跋山涉水、突破困境；它将警醒你矢志不渝、奋然前行；它将陪伴你锐意进取、获得成功！同学少年，风华正茂；书生意气，挥斥方遒！

随着毕业的脚步，你们也到了十八岁的年纪。今天，除了祝福你们毕业，我也要诚挚地祝贺你们成为中华人民共和国最年轻的公民！

同学们，十八岁的你们生逢盛世，前程无远弗届！

在你们即将开始成人之旅时，我提三点希望与大家共勉：

一、做一个有理想、勇于追求的人

习近平主席在2018年五四青年节前夕寄语全国广大青年：“要励志，立鸿鹄志，做奋斗者！”

的确，我们都知道理想对于人生的重大意义。可现实往往是“立志易、守志难”，很多人理想远大，可一旦面对困难就浅尝辄止、知难而退。这样的人，不叫有理想的人。

真正有理想的人，就是明知道自身的缺点和前路的困难，却能毅然决然去面对、去改变、去克服，真正做到破釜沉舟、一往无前！就像扼住命运咽喉的贝多芬以超强毅力谱写了《第三(英雄)交响曲》至《第九交响曲》直到生命的最后一刻，口吃的德摩斯梯尼成为世界上第一个举世公认的专业演说家。

追求梦想的真相就是：为了做一件喜欢的事情，你需要先做无数件不喜欢甚至感到害怕的事情。

同学们，我们要做这样的人：为了理想，勇于改变缺点，战胜恐惧！

二、做一个能坚守，值得尊重的人

人不是什么时候都能活得一帆风顺的。本想抬头挺胸前进，却不知何时就会沾一身泥巴。不过，即使那样也能坚持走下去的话，总有一天泥巴会干燥掉落。人生艰难，有时候我们很难达到理想的状态，我们可以卑微如尘土，但绝不可以放弃心中对光明美好的坚守。正如爱因斯坦所说：一个人所能做的就是做出好榜样，要有勇气在风言风语的社会中坚定地高举伦理的信念。

不忘家国梦，不改最初心，不坠青云志！

这才是值得被爱、被尊重的人！

三、做一个肯付出，持续努力的人

莫扎特说："谁和我一样用功，谁就会和我一样成功。"

史蒂芬·霍金的传记电影《万物理论》中也有这样的台词："人类的努力应该是没有边界的，我们千差万别，不管生活看上去有多糟糕，总有你能够做的事情，并且能够成功。有生命的地方,就有希望。”

几乎所有的成功者都有一个共同的秘诀,那就是:持续不断的付出,永不懈怠的努力!

同学们,夏至未至,青春正好!现在还不是告别的时刻,那依依不舍的留恋,请藏在心底;那缥缈不定的幻想,请暂抛脑后!

作为高三学子,你们还要再并肩奋斗 28 天,共同迎接高考的挑战,这既是一场知识的比拼,也是耐力与勇气的角逐!此刻,你们内心升腾的应该是全力以赴的激情,跃跃欲试的渴望,舍我其谁的自信!

今天,我也借此机会,继高考百日动员之后,再一次为你们鼓劲、加油!希望接下来你们脚踏实地、全情投入、奋勇争先,在即将到来的高考中绽放出最美的青春之花!

理想与毅力催人进取　责任与担当造就卓越

——在 2018—2019 学年开学典礼上的发言

韩　松

尊敬的老师们、亲爱的同学们：

大家下午好！

今天我们在此隆重集会，举行 2018—2019 学年开学典礼。首先，让我们以热烈的掌声欢迎新加入郑州一中大家庭的 2021 届的同学们！祝贺你们！希望你们在一中继续奋勇争先，编织灿烂青春！同时，我也想对 2019 届、2020 届的同学说，金秋又至，你们迎来了人生的新阶段，愿你们不念过往，不惧将来，珍惜每一个现在，为学弟学妹树立好榜样，争当模范学长！

在这里，我想和大家分享一个我们一中人自己的故事。

这个故事的主人公叫赵问津。

他是你们 2010 届的学长。当年，参加物理竞赛被保送至中科大。立志成为科学家的他在大学期间并没有放松自我，而是怀揣理想,继续努力拼搏。本科毕业时,以全额奖学金身份考入华盛顿大学直接攻读博士学位。读博期间,便以第一作者身份在《自然》《科学》杂志上发表论文。众所周知,作为全世界最权威的两种学术期刊,在《自然》《科学》杂志上发表文章是非常不易的,即使是国际顶尖的科学家,想在这两种刊物上发表文章,竞争也是异常的激烈;能够在这两种杂志上发表文章是非常光荣的,这也标志着作者的科研成果已经达到世界一流水平。

其实,你们这位学长当初并不是最出色的,但如今他已取得绝大多数同龄人无法企及的成就,原因是什么?是我们一中人身上永不动摇的理想和毅力!

苏轼曾说:古之立大事者,不惟有超世之才,亦必有坚忍不拔之志!人生终是为一件大事而来!而理想恰恰是在我们的一生中,无论身处何时何地,何种环境,都百折不挠、努力追求的人生大事!

大家还记得《西游记》中的唐僧吧,无论是遇到各路神仙,还是屡遭妖魔鬼怪,永远都是用三句话来介绍自己:贫僧玄奘,自东土大唐而来,前往西天拜佛求经。这三句话,简洁明快,掷地有声,明确告知别人:我是谁?从哪里来?要去干什么?从中我们也可以看出唐僧所执着追求的人生理想,正是因为他坚持理想,所以他从未迷失方向,也从未向困难屈服!

千难万难,有了志向不难;千易万易,下定决心不易!理想很重要，但若没有持续努力追求的毅力，理想最终会变成镜花水月，遥不可及。

同学们，既然选择要做志存天下的筑梦人，又怎能不去做勇敢坚毅的奋斗者！

人可以缺少帅气与靓丽，但不能缺乏责任与担当。没有责任或缺失担当，就会在物欲喧嚣之中失去理智，甚至危害社会和他人，拥有责任与担当的人，即使困境重重，黎明的曙光也必将照亮他可贵的人生。

责任产生使命，担当成就卓越！

同学们，从漫长的人生来看，你在一中三年的学习时光很短，转眼之间，教学楼的灯火、兄弟湖的垂柳、黑天鹅的鸣叫，还有春回大地之时校园里充满的石楠花的味道，都会变成内心深处的回忆。但是，今天我们谈到的理想与毅力、责任与担当，我希望它们能成为陪伴你一生的朋友，这是郑州一中这所学校给你的最宝贵的财富，请带着它们，去充实眼前的学习时光，去创造未来的灿烂人生！

今天是开学第一天，我和大家一样欣喜激动，早早起床，放眼校园，有感而发：

御宇清风名校兴，弦歌不辍颂峥嵘。

盛世华年谱新曲，薪火相传砥砺行！

最后，祝愿各位学子身体健康，学习愉快！祝愿各位老师阖家欢乐，幸福平安！

勇做追梦之人　不负青春年华

——在2019年春季开学典礼上的发言

韩　松

亲爱的各位同事、各位同学：

大家好！

残雪已逝，春山可望！时值春回大地之际，我们在此隆重集会，举行2019年春季开学典礼。

刚刚过去的2018年，郑州市第一中学全体师生意气风发、锐意进取，取得了骄人的成绩。多项教学成果获得省市一等奖，并参展第四届全国教育博览会；高考和奥林匹克竞赛取得双丰收，尤其是2018年全国奥赛，我校共取得了2金、11银、1铜，14块奖牌的佳绩；航空港校区奠基仪式的成功举行，标志着我们大一中进入了新的全速发展的时代！

成功道路千万条，理想信念第一条！世界上任何伟大的事业、任何幸福的生活，都始于梦想、成于实干。

正如习近平总书记强调的那样，新时代是奋斗者的时代，只有奋斗的人生才称得上幸福的人生！我们都在努力奔跑！我们都是追梦人！

今天，我想和大家谈一谈，如何去做一名优秀的追梦人！

首先，要明确我们应该追求什么样的梦想。

当今时代，价值多元，谈到梦想，答案层出不穷。有同学讲，我的梦想就是吃吃睡睡，让这个世界将我遗忘；有同学说，我的理想就是握紧手机，全情投入到那声光电的绚丽之中……其实，你们在说这些的时候，自己都会感到好笑。

少年生当立奇志，自古有志事竟成。同学们，生逢盛世，守望未来，你们是即将成年的00后，是美丽中国的新主人！你们享受着前辈们创造的幸福生活，也肩负着开创未来的伟大使命。同学们，梦想不是考试排名，梦想也不是一纸录取通知。如果把时间拉长，梦想是激发我们一生奋斗不止的动力！如果把空间放大，梦想是促使我们奉献社会实现自我的源泉！

读万卷书，行万里路，做最好的自己，看最美的风景！这才是我们应该追逐的梦想！

那么，我们又该怎样去实现梦想呢？

第一是努力奋斗。

现实是此岸，理想是彼岸，奋斗则是桥梁。奋斗可以创造机遇和坦途；奋斗能够收获自信和勇气！前方的路或许充满崎岖，唯有奋斗才能不惧风雨。每次看似普通的改变，都可能改变普通的你。同学们，奋斗当从点滴起，一日轻寒不成冰！如果能持之以恒，暴雨浇注也不过是朝露沾身；如果你三心二意，一片坦途也会变得坎坷难行！有时我们并不欠缺成功的筹码,而只是欠缺勇气和坚持。所有的路,只有脚踩上去,才知其远近与否,曲折还是笔直。

同学们,追逐梦想没有捷径可言,我们更不可轻言放弃,认准了,干下去就对了!唯有努力奋斗,幸福和美好未来才会向你招手。为了梦想而奋斗,永远不会嫌太迟。

第二是反思自我。

反思自我,贵在守正出新。人生是不可彩排的单程路,过去的每一天、每一次经历,或是顺风顺水的坦途,充满鲜花与掌声;或是冷雨与失意的打击,写满失败与痛苦。这一切,在今天都成为历史。我们既不能在昔日的辉煌中沉醉,也不能在过去的失败中消沉。一年之计在于春,在开始新一年的奋斗之前,反思过往历程,于成败中体悟,在思考中升华,有助于我们更加坚定信念、明确方向;有助于我们守正出新,全面提升。诺贝尔奖得主屠呦呦,“杂交水稻”之父袁隆平,“火炸药王”王泽山……他们都有耀眼的成就,也都有不为人知的挫折,但都能及时总结得失,在反思中继续前行。实践表明,智者皆善于鉴往知来。认真反思过往,才能让人更好地走向未来。

第三是惜时感恩。

日月不肯迟,四时相催迫。在追逐梦想的路上,一定要加倍珍惜时间。中国是一个非常惜时的国度,先贤圣哲留下了大量惜时的诗词和故事。同学们,我只想与你们共勉:人生很短,没那么多来日方长!青春很贵,没有理由挥霍浪费!生活终将让我们明白:在时间面前,没有任何人能对我们的人生负责，除了我们自己！

追梦之路，我们还须懂得感恩。感恩老师，感恩同学，感恩家人，感恩无数默默守护我们的人。他们的帮助，让我们更强大；他们的陪伴，让我们更暖心。

长路奉献给远方，江河奉献给海洋。同学们，让我们以梦为马，不负时光，勇敢地驰骋于青春的赛场！

同学们，今年是我们学校建校70周年。70年来，这所学校弦歌不辍，薪火相传，相继培养出以两院院士、知名科学家为代表的大批杰出校友，他们在这里种下自己的梦想，并一路追逐，在世界各地绽放出了多彩的梦想之花！

此刻，愿我们所有的师生，在新的一年，坚定踏实，做更好的奋斗者！勇于争先，做优秀的追梦人！不负青春，不负时代，用优异的成绩为母校70华诞献礼！

以传承守望母校　用青春拥抱时代

——在郑州市第一中学2019届毕业典礼上的讲话

韩　松

2019年5月12日

亲爱的同学们、老师们,家长朋友们:

大家下午好!

桃李芬芳处,青春扑面来!伴随着五四运动百年纪念的东风,我们在此隆重集会,为青春烂漫的2019届一中学子举行毕业典礼。

首先,我要感谢长期以来默默付出,甘做一中坚强后盾的家长们!感谢你们信任一中、支持一中,无怨无悔陪伴一中前行!谢谢你们!

同时,我要感谢2019届全体老师,三年来你们任劳任怨、风雨兼程,为学校付出了大量心血,做出了巨大贡献。你们辛苦了,谢谢你们!

同学们,春秋代序,时光流转。兄弟湖畔的候鸟去了又来,食堂旁边的石榴花落了又开!

三年，你们在这个校园里，体验过成功的喜悦，也忍受过挫折的打击。你们中有人长高了，有人变壮了；有人夺得了冠军，有人战胜了自我；有人站上了央视的舞台，有人在《学霸来了》一展风采……

三年，每一个霞光普照的清晨，或落日熔金的黄昏，总有一群人默默陪伴你们，坚定执着地培育着自主的精神之花，构建营造让你们自主生长的沃土。三年来，他们和你们一起，用拼搏和坚持，谱写了动人的成长之歌！

同学们，你们幸运地成为母校70华诞这一届的校友，处在继往开来的节点，我们应该透过历史，看到我们的来处；更要拨开云雾，看到前行的方向！

近期，来自世界各地的校友纷纷通过各种渠道表达对母校的祝福。他们中有耄耋之年的院士，也有刚离开母校的青年学子。

你们2001届学姐梁萌来信说：初三毕业的那年夏天，郑州一中高三年级的一名女生保送清华。她的名字成了我报考一中的催化剂。2017年，我参加斯坦福大学的一个活动，遇到一位美丽干练的同行，聊起来发现我们竟然是一中和清华的双料校友。当她告诉我中文名字的时候，我想起来那就是她。我告诉这位学姐她曾经给予了我多大的感召，改变了我整个高中的选择和后面的人生轨道。几年前，我在摩根士丹利就职的时候，在北京和国内一家大型金融机构洽谈业务，会后谈判桌对面的一位女士突然走过来对我说，学姐，我也是郑州一中毕业的，高中时代你是我的榜样，后来我也考上了清华大学经管学院。

同学们，这三个人，看似不可思议的机缘巧合，恰恰就是你们和母校的缘分。郑州一中人，是我们共同的烙印，也是我们永恒的纽带！

再过一个月，你们就要带着这种烙印，带着对母校的传承与守望，开启新的篇章，面对新的世界。在你们毕业之际，我希望你们永怀三种热爱。

一要爱祖国。此时的中国，正处于急速发展的时期，每天都在发生着裂变，有太多的大事件在刷新着我们美丽的生活。于迷茫者来说，这是“怀疑的时代”；于清醒者来讲，却是“希望之春”。理想与信念，青年与国家、民族的未来，如此紧密地绑定在一起。与祖国同呼吸，共命运，从来都是我们一中学子的鲜明旗帜。

上个月，著名教育家顾明远先生来我校访问，对我校高度赞扬。座谈时，他动情地说：“郑州一中为国家培养了大批顶尖人才，为本地区争得了荣誉，为社会树立了榜样！”正如顾先生所言，一代代的郑州一中人，志存高远、心怀天下，他们从一中出发，怀揣爱国之心，肩负时代使命，勇挑社会重担，在各行各业做出了优异的成绩！同学们，“爱国是本分，也是职责”，我们要牢记习总书记的教诲，做一个永怀爱国之心的一中人。

二要爱父母。父母永远是我们人生的来处，即使我们长成参天大树，在父母的眼里，我们还是像小草一样需要呵护。作为父母，天然就有这种“被需要”的幸福。我们一定要学着理解父母的爱，并且明白地向父母表示我们的爱。

同学们,爱不是与生俱来的能力,爱是我们这一生的必修课。时光不会慢下来,转眼之间父母可能就皱纹满脸和白发满头,所以我们一定要赶在他们老去之前,学会真正地爱他们。做最好的自己,不辜负他们的期望。不让他们操心,才是我们做子女最大的孝顺。

三要爱自己。爱自己,就是要爱护好自己的身体。累了,要好好休息,不搞疲劳战;饿了,要好好吃饭,拒绝垃圾食品。劳逸结合,张弛有度,养成良好习惯,杜绝健康隐患。爱自己,就要照顾好自己的智力,多阅读书籍,让自己更加博学;多与人交往,让自己更加丰富;多深入思考,让自己更加睿智。

不管多么伟大,多么优秀的人,都不可能十全十美。爱自己,也要认识到自己的不完美。失败时,不自暴自弃;成功时,不志得意满;不偏执、不极端,始终如一地去改善缺点,成就更优秀的自己。

同学们,今年的毕业典礼,增加了“写给二十年后的自己”这一内容,目的有两个。

一是让大家给未来一个期许,永远保持梦想,不忘使命担当。好儿女志在四方,有志者奋斗无悔!未来的你,要始终不渝,为真理不懈求索,向理想奋然攀登。

二是让大家心系母校,关注母校的发展。大家毕业了,并不是和母校没有关系了,而是联系更紧密了,母校始终关注着大家的发展;大家也要感恩母校,传承母校文化,和母校共同成长,正是在一代代一中学子的传承与守望中,母校才变得如此厚重,如此庄严。

二十年后，当你们回到母校，与班主任一起打开这份尘封的信件，那时老态龙钟的我，依然用心守望我们共同的郑州一中；那时正直壮年的你，正在用青春拥抱壮丽的时代！

同学们，再有二十五天，你们就要宝刀出鞘，一试锋芒。相信大家在老师的悉心指导下，在家长的用心陪伴下，定能心想事成！愿你们一生看最美的风景，做最好的人；做最好的人，看最美的风景！

二十年后，我们再相逢，但愿时光正好，未来已来！

国旗下的演讲

教师的忧伤与幸福

方金平

在教师节来临之际，谈点自己的思考：教师的忧伤与幸福。

今天是我国第34个教师节，我忽然想到已参加工作二十年了。二十年，是青春的一把尺子，青春已不再，倏忽到中年。想想作为一名老师，有苦也有甜，但更多的是快乐和满足。

看到你求知若渴的眼神，把我当成了开启你人生智慧的一把钥匙，我是快乐的！

看到你不惧严寒酷暑，每天按时走进教室倾听教导，我是快乐的！

看到你自习课上由入静而入神，渐入佳境，我知道你已深得一中自主精神的精髓，我是快乐的！

运动会上，看到你在3000米的跑道上把我远远地抛在身后，我知道长江后浪推前浪，一代更比一代强，我是快乐的！

看到你身心日渐成熟，已经展现出绅士风度和淑女气质时，我是快乐的！

看到你面对挫折不气馁，面对困难不沮丧，能够用笑脸去迎接生活的挑战，我是快乐的！

快乐之时，心亦有忧！

近几年，在一些不良媒体的恶意炒作下，中国的师生关系俨然被妖魔化成一种敌对关系。什么学生不像学生样，老师缺德不像样。跟风的、炒作的，好像中国的老师全都坏了良心。古语云：谣言止于智者。相信同学们自有客观公正的判断。

据统计，全国各级各类学校共有专任教师 1539 万人，在校学生 3.06 亿人。这么庞大的群体，出现一些这样那样的问题也是正常的。我们看问题要抓矛盾的主要方面，抓主流。应该说绝大多数老师是称职的，甚至是优秀的，他们不计名利，默默地在三尺讲台上奉献着自己的青春和年华。

我们不能以圣人的标准要求老师，对老师求全责备。每个人都有人性的弱点，哪怕是圣人君子，也会有小小的贪婪、妒忌，也可能有灰暗的过去。老师更是一个普通的社会人，很平凡，是一个集喜、怒、忧、思、悲、恐、惊于一体的有血有肉有情有义的人。

作为成年人，他们扮演着多种角色，有着多重身份，既是子女，又是父母；既是师长，又是员工。哪能事事都那么顺心顺气？哪能没有烦心愁苦之事？人生愁恨何能免？哪能时刻都是面带微笑，温言软语？同学们想想自己的父母，是不是也经常会有情绪波动,心情烦躁之时。所以啊,人要理解人,学生要理解老师的难处。当然古语云:止谤莫如自修!老师们自会把毁谤如蛛丝一般抹去,依然用爱心面对每一位学生。

反省自律促成长

郑州市第一中学 2102 班学生

时光易逝，转眼间，本学期已过去大半。子曰：“见贤思齐焉，见不贤而内自省也。”在生活中，只有不断反省自己，才能取得更加辉煌的成绩。

期中考试刚从同学们紧张、忙碌的身影中悄然而去，迥然不同的感受留在我们心中：或因小有收获的成就感到骄傲，或是深陷挫折难以自拔的沮丧，也可能是为迎接新一次的考试而枕戈待旦！

同学们！我们要善待每次考试后的分析总结，不断反省自己、发现问题、主动改进。有些同学在考试成绩出来后，不注重反省，不在乎自己的学习习惯是否存在问题，学习态度是否端正，于是一次考试上的失利就在消极情绪中得过且过，浑浑噩噩地度过高中三年的生活；也有一些同学因为一次优异的成绩而沾沾自喜，在考试后忽视了总结与反省，问题的漏洞越来越大，最后深陷骄傲的迷雾中坠入深渊，导致往后数次考试成绩的不如人意。当然，我们更需要反省的则是是否在学习生活中培养了自己独立思考的能力；是否在面对难题时，不畏怯，而是设法克服；是否善于思考，勤于发问，提出质疑；是否在学习过程中有总结归纳的好习惯。

如果，你因为自卑而看轻了自己，那么，请抓住当下，学会反省，打起精神来，努力奋进，因为你的人生还有很多个花开的路口；如果，你因为疏懒而放纵了自己，那么，请你立即严格自律，抓住机会，分秒必争，通过反省，认知自我，养成严谨踏实的良好习惯，做好每一个细节，相信不久就会重现英姿。

在学校的学习生活中，不仅要注重学业，更要注重日常行为。所谓反省自己，就是站在正确的行为准则上，审视自己的行为，思考自己的不足，落到实处，从小事做起。

从小事做起，从身边事做起，就要注重细节，善于发现自己的不足，比如日常生活中出入校门是否及时刷卡；同学间是否相互尊重；课堂上是否注意力集中。“千里之堤，溃于蚁穴”，高中三年，转瞬即逝，若不注重细节，终将蹉跎岁月，消磨青春。

反省自己，不只是空想，而是切实地长时间地从实事上采取行动，这就要有持之以恒的精神，训练有素的良好习惯。守校规，遵校纪，我们并没有失去自由，而是扔掉了枷锁与狭隘，获得了广阔的空间。

同学们，让我们播下反省的种子，在冬日的阳光中不断成长，迎接春天的到来。

不负母校，不负青春

郑州市第一中学2012班学生

转眼间，我加入郑州一中这个大家庭已有两个春秋。在这两年的时间里，有过茫然，有过低谷，有过兴奋，也有过领悟，相信很多同学都有过类似的经历。记得高一上学期，我离开父母独立生活，开始很不适应。学习上，数学和物理遭遇了滑铁卢，周测考试竟然不及格。明明自己已经很努力了，收获却远不及身边那些看着轻轻松松的同学。我开始怀疑自己，否定自己。就在我深感茫然，无所适从的时候，老师教导我：在你不知道该怎么努力的时候，坚持下去，别放弃，就是最好的选择！

“谁终将声震人间，必长久深自缄默；谁终将点燃闪电，必长久如云漂泊。”老师的鼓励就像是一道曙光，给迷茫中的我指明了方向。我开始踏实地检测自己学习中的漏洞，深刻反思自己的学习过程。在以后的每一天里，我摒弃了浮躁畏难的情绪，紧抓上课的每分每秒，做好每一次作业；在自习课上，合理安排自己的学习任务，回顾已学知识，以最佳的状态攻克薄弱的科目；考试结束后，不忘总结这次答题的功过得失，完善学科整体的知识脉络和体系。我渐渐认识到，只要做好每一个看似普通甚至枯燥的环节，就能超越昨天的自己，看到切实的改变。在我最困难的日子里，身边的老师和同学们给了我很大的关怀和支持，我的每一点进步，都离不开他们及时的指导和无私的帮助。

所以同学们，当你为孤独和迷茫所困之时，请想想自己的同学和师长，他们定会给予你最真诚的祝福，并随时愿意伸出援助之手；当你沉迷娱乐不可自拔之时，想想自己的亲人和好友，他们正期盼着你能在高中拼搏进取，学业有成；当你在题山试海中喘不过气，即将放弃之时，想想自己的初心和曾经的梦想，诗和远方永远是你奋起直追的无穷动力。

古之立大事者，不惟有超世之才，亦必有坚忍不拔之志，哪有一帆风顺的成功与收获！所以，再坚持一下吧，光明就会斩荆棘破迷雾，出现在你努力坚持的下一秒钟。互联网巨擘马云说过："今天很残酷，明天更残酷；后天很美好，绝大部分人死在明天晚上。"只有那些真正的英雄才能见到后天的太阳。所以，同学们，让我们不忘初心砥砺前行，坚持不懈地追寻属于自己的蜕变之旅吧！

2019 年的春风消融了冰雪，我们也即将迎来母校郑州一中的七十华诞。不必说那幽静的兄弟湖，挺拔的水杉林和悠长的椅山，也不必说安静的自修室，活跃的课堂和热闹的体育场,母校的一草一木都早已成为我们最宝贵的青春记忆;勤严实真的校训,也早也成为我们精神家园的座右铭。我们定当接过 ZYZ 先生的接力棒,感谢母校无微不至的爱护,感谢老师倾尽心血的教导,用不懈的奋斗为母校华诞献礼!

日月不淹,春秋代序。2019 年春节的钟声已渐远去,新学期的脚步向我们走来,我们又将踏上新的征程。无论你的假期如何度过,是懈怠还是勤勉,都已一去不返。今天起,我们又回到了操场上,站在了同一起跑线上。时间是一张没有回程的车票,你是愿意继续荒废时日,还是立志卧薪尝胆不负青春?你是愿意自甘堕落不战而降,还是决心闻鸡起舞为梦想而战?在这新春伊始,万物萌新的时节,愿我们郑州一中学子,收拾好行装,负重前行;愿我们的未来前程似锦,不负母校,不负青春!

注:本文为学生代表 2012 班陈屹峰同学在 2018—2019 学年下学期开学典礼上的发言。

怀恋青春,致敬梦想

郑州市第一中学1914班学生

三年前,我们首次踏入ZYZ的校园,带着青春的稚嫩懵懂,伴着对未来的憧憬向往,开启了梦的旅程;而如今,我们还是最初的自己,却已不再是当年的模样,我们保留了一份睿智与淡定,多了一份跃跃欲试;我们保留了一份年少轻狂,多了一份血气方刚。我们用经历褪去了稚嫩,用挫败磨光了锋芒。这,便是成长的意义。

怀念我们的青春啊,昨天在记忆里生根发芽。三年里,我们陶醉于石楠花提神醒脑的香气,经历过大雨水漫滴水谭的浩荡,欣赏过金秋八月桂花香的美妙,更羡慕过校霸肆意躺在树荫下睡觉的慵懒,晨光杯一轮游的无奈心酸,英语听力前*Young fou you*的轰炸,高三期间各式各样干货满满的讲座,都是我们生活的真实写照。三年了,我们依旧爱着这片土地,三年了,我们仍然放不下身边的他和她。

尊敬的老师,您教给我们知识,更用您的身体力行影响我们做人的态度。您用时间的魔法,带我们领略诗文歌赋的音韵与神采,体会了下水作文的精妙和一中名师的独家教案;您用慷慨激昂的酣畅淋漓,把我们推向圆曲导数的深渊,并用棣摩夫击垮了我们的心灵防线;您用磁性的嗓音,带我们感受被动和虚拟,放松了我们考前紧张的心,提醒我们还有15分钟交卷;您在读题中秒题,在实际中学习的本领,让我们看到了博学多识又幽默风趣的灵魂,感受到重力、弹力、摩擦力,一个巧字走天下的魅力;您用严格的要求和对试题的深度剖析,让我们爱上了生活中有意义的化学;您用智慧化解同学们古怪问题的围追堵截,带我们突破"无中生有是隐性,生女患病是常隐"的生物世界。更何况,您用倒垃圾政策和认真的巡堂,让我们看到了领导者的魄力和智慧;您用元旦晚会的食堂大厨扮相和霹雳舞王的表情包警告,让我们看到了领导者的亲和与时尚。您对我们无条件的爱,正是我们跨越高三,走向成功的动力。老师,我们爱您!

ZYZ,心中那一方净土;ZYZ,敢于自我雕琢的实践者;ZYZ,让人眷恋的地方。或许ZYZ精神的可贵之处,就在于他对每一个一中人来说,都是一个空白的篇章,等着我们用喜怒哀乐、酸甜苦辣、无力吐槽,却又挚爱至深的情感为她装扮成最美的模样。母校是什么,母校就是自己可以随意调侃,却绝不允许别人说她一句不好的底线,就是我们心中最初的最美好的回忆。一中,我们爱你耀眼辉煌的时刻,爱你美丽动人的形象,爱你虔诚的灵魂,爱你坚守多年的本真,爱你自由开放的精神。一中,我们真的爱你!

亲爱的同学们,还有不到一个月,我们将迎来人生的第一个分水岭——高考。就个人而言,我从不相信什么定型论,我只相信一分钟的力量。一分钟可以做什么,一分钟可以朗读28个英语单词,一分钟可以填完理综选择题答题卡,一分钟可以审完一道政治大题,一分钟可以浏览一遍模考成绩单。26天,我们还有许许多多个一分钟,把心态放稳,按部就班学下去就好。同学们,高考固然重要,离别固然伤感,但,人生路漫漫,前途终将一片光明。

着眼未来,似乎每个人的理想追求都有不同,每个人的人生轨迹千差万别。但,我希望,并衷心祝愿:愿我们归来时,仍是那个喜欢唱跳rap打篮球的追风少年;愿我们归来时,仍是那个勇于面对自己又大又圆的碗和又长又宽的面的坦然少年;愿我们归来时,仍是那个勇于说出"love you three thousand"的直白少年;愿我们归来时,仍是那个"Whatever takes"的热血少年;愿我们归来时,能像马龙一样自信地喊出"I am made in China"。同学们,我爱你们!

世界那么大,我们总会走遍角角落落。但,别忘了,我们还有一群伙伴一路陪伴,还有一群老师如影相随,还有一个家等着我们荣耀归来!郑州一中,我们爱您!

注:(1)本文为学生代表1914班皇杰霖在2019届毕业典礼上的发言。

(2)ZYZ先生是郑州市第一中学校园内的一座雕塑,象征着一中学子自我磨砺、自我雕琢、自主成长的精神。

绿色上网　健康生活

郑州市第一中学1801班学生

若把网络比作一片海洋，其内蕴藏着无穷的宝藏，但同时，也有暗流涌动，有剧毒的水母和食人的鲨鱼。

诚然，网络上有丰富的新闻资讯，浩如烟海的学习资料，方便快捷的各种软件及小程序，网络为我们了解时事、开阔视野、学习生活、社会交往、休闲娱乐都提供了新的方式，但同时，也为不良信息的传播提供了途径，造成了部分同学的网游上瘾和小说上瘾。

试问，我们身边是否有同学舍弃休息时间偷偷前往网吧快活？又是否有同学对家长学校两边欺骗转身投入网游的怀抱？

作为高中生的我们，早已不是自制力严重匮乏的小孩子，我们应该学会合理安排时间，不沉迷网络，让网络成为我们发展的动力而不是阻力，让网络为我们彰显它的种种优点，辅助我们的学习生活。

任何事物都有它的两面性,网络更是如此。

网络在为我们提供种种便利的同时也有极其致命的缺点:虚拟性。你根本无从得知在网络上与你谈笑风生的究竟是一个人还是一条狗,你也无力分辨那些四起的谣言,令人震悚的传闻究竟是真是假。我们没有齐天大圣的火眼金睛。在网络世界里,每个人都是眼中装得下天下大事的盲人,这不得不让人想起一句歌词:借我借我一双慧眼吧,让我把这纷扰看得清清楚楚明明白白真真切切。

美国认知学家认为:由于网络的不可预知性满足了人脑的需求,人在上网过程中往往会忽视时间,这也就是所谓的上瘾。网络上令人上瘾的事物有很多。例如网游、小说、网聊、网恋等。它们可比作罂粟,初遇时心旷神怡,久而久之便会伤害身心,哪怕嘴上说着不要,身体还是会很诚实地沉迷其中。

前一段时间网络上疯传的“我有一百种方法让你待不下去,而你却无可奈何”的主人公叶良辰便是受了网络小说的毒害。

中国人奉行中庸之道,要求一切事物都要把握好度,推及于网络也是如此。在高速发展的21世纪,拒绝网络就是拒绝进步、拒绝发展,但如果过分追求虚拟的网络,就会迷失在网络的洋流之中,这无疑是自取灭亡之举。

选择绿色上网,将网瘾拒之门外,就是选择了一种健康的生活方式。兼顾网络与现实,把握二者的平衡,让网络成为我们成长的助推器而不是生活的绊脚石。这就是健康的生活方式!

绿色上网,势在必行!

守住杏坛规则

郑州市第一中学1705班学生

大清早,天儿挺冷的,给大家讲个故事暖暖身。

一次,周恩来同志去北戴河,需要看世界地图和一些书籍。工作人员给北戴河文化馆打电话,说有位领导要看世界地图和其他一些书籍。接电话的小黄回答:“我们有规定,图书不外借,要看请自己来。”周恩来同志便冒雨到图书馆借书。小黄一见是周总理,心里很懊悔,总理和蔼地说:“无论是谁都要遵守制度。”

最近,有同学无意间触碰到ZYZ的红线,一向和蔼可亲的ZYZ先生突然面有愠色。此所谓老虎的屁股摸不得,ZYZ的底线碰不得。今天,我们来讨论一下先生的红线问题。

众所周知,ZYZ的管理模式不是监狱,不是工厂,而是牧羊坡——让我们博学、审问、慎思、明辨以致贯通。愚钝的牧羊人只会让小羊尽情撒欢,而聪明的牧羊人会执一细鞭,令羊儿虽看不到冰冷的栅栏,但心中总悬着一根线,不敢任性,以防冷不丁地挨一鞭。而 ZYZ 的校规就是那牧羊人掌中的细鞭。一鞭下来,不疼,却酸爽得不敢忘记。

康德曾说:"有两种东西,我们越是经常,越是执着地思考它们,心中越是充满永远新鲜,有增无减的赞叹和敬畏——一是我们头顶的灿烂星空,二是我们心中的道德法则。"心中常记规则,并不是一个负担,而是一种解脱。有了规则,就不用再因捉摸不定而苦恼;遵守规则,事情就变得清晰。一切事物的产生、发展、繁荣,都离不开规则的约束。一中学子良好的形象,自律的品质,难道没有校规的功劳吗?自习课能够静静刷题,寝室能够安心复习,课程能够踏实推进……这些美好的画面,如果没有校纪,会顺利实现吗?固然,校规校纪并不总是令人舒适的,但严格的校规让你不适一时,却能舒适一世。良好的习惯一经养成,必终身受益。周恩来自制纸镜子,让自己每日记住"面必净,发必理,衣必整,纽必结;头容正,肩容平,胸宽容,背容直。气象勿傲勿怠,颜色宜和宜静宜庄"。周总理为自己立规矩,提要求,最终成为令人难以望其项背的一代伟人。

当然,令我们感到荣幸的是 ZYZ"有温度"地保护规则。可能会有同学抱怨教学区不允许拍球有违少年本心。殊不知人之本心与外界规则本是车之两轮,鸟之两翼。本心为内核,规则为外壳,如果没有规则的外壳保护,人之本心也就失去了屏障。ZYZ 精神的内核并不是冷酷的校规,而是"生命,爱情,自由"。打铃后等待一两分钟再锁的寝室的门,相信在晚上健身的同学心中,“10:00 锁门”这一规则有了温度;晚自习结束要收的作业,第二天早晨再送至老师,相信课代表在同学心中变得暖暖哒……理性中包含感性,是 ZYZ 的过人之处。毕竟,连电阻计算式中的 k 值也是随材料而变的! 当然,感性要有限度,遵守规则方能守卫本心。

最后发出倡导,如果你不服从校规,ZYZ 也不介意陪你玩玩儿。因为,学校有一百种方式让你认真学习;而你,却别无选择。请记住,我是 ZYZ 先生。

磨炼意志　提升自我

郑州市第一中学1610班学生

“生活对于任何一个男女都非易事,我们必须要有坚韧不拔的精神。最要紧的,还是我们自己要有信心。我们必须相信,我们对每一件事情是有天赋的才能,并且,无论付出多大代价,都要把这件事情完成。当事情结束的时候,你要能问心无愧地说:我已经尽我所能了。”

这段文字来源于我的信念。诚然,这更是玛丽·居里的信念,是一个为科学献身的人的信念。我们既不是出生在十九世纪,也没有在充满放射性物质的实验室中做过实验。因此,我们大可以说,我的信念与她不同。我的信念是能写完“菠菜卷”[注],熬过期中,放假在家痛快地来上几局《英雄联盟》。我既不想为何而死,也不想抛却安逸,把自己逼向极限。这是个富足的时代,那么,这是个不再需要意志,不再需要拼搏的时代了吗?

“我所见有火，乘着金色的舟。在金光周围一切善恶和奇异的东西跳舞着……哦，我的灵魂啊！这无名者即是你的伟大的救济者，他以意志引导你经受炽热的梦想，你的呼唤已有未来之歌的芳香！”

去触碰随火升腾起的字句，尼采的灵魂是有烧灼的温度与血液的色泽的。一百七十年前的《查拉图斯特拉如是说》是呐喊，亦是呓语。弗里德里希坚信他的理想是超人的，可以改变命运，仁爱而博大。我们并不试图效仿尼采的疯狂，但何妨去释放一把超越自我的激情？

仍年轻而蠢蠢欲动的少年们，把目光从女孩子们身上移开，去看看自己的心，听听意志的渴望吧。拓展训练归来的你们想必理解了磨炼意志，也懂得了提升自我。那打算不打算在无硝烟的战场上，也满腔热血地再挑战一次自我的极限呢？欢乐和紧张的时刻都要到了，还有短短的一周半，期中考试跟着双十一的步伐降临于此。

还记得星夜下拉歌操练，在十里山路上说了多少秘密，又在高空中经历了几次心跳吗？还能想起晚会的疯狂，打饭的漫长，洗碗的无奈吗？与八百人共享了生命的四千分之一的你们，也与那些人共享了强大的意志与希望。荣与耀，歌与光，正是有铁支撑起信念，有力武装起拳脚的时刻。

加油！“摩尔质量”与《摩尔庄园》一样可爱，小滑块也不是上天入地无所不能。该死的年份记住了能展开一幅时光的画卷，为了社会的和谐与稳定，记得写满答题纸。可爱的学弟学妹们要打倒学长们推过的野怪，学长们默默加强战备，与文理分科后的第一场竞技来个你死我活。看得到早晨操场一圈圈的毅力,也看得到一盏接一盏亮起的台灯,每盏灯下都有一个孤独的刷题人。

希望你能品尝到这样的喜悦。辛勤一期的果树结出了满意的果实,树也许不及他人枝繁叶茂,但每一个果实都有那六十多个日夜的汗水滋养。在团队墙上托举起你的集体,也是坐在你身边将辛劳与你共勉的团体。把握好珍贵的收获,重新投入紧张的战场时,也请记得他们会接纳拼搏过的你,无论是碾压一众的学霸,还是正当修行的学渣,都已经磨炼而褪下了旧日的壳。

雨后当发竹笋,暗流正送鳜鱼。请再尝试着突破一次自我,为了梦想向前一步吧!

注:学校的试卷都是绿色的,被学生称为"菠菜卷"。

爱护学习环境　共建美好校园

郑州市第一中学 1507 班学生

寂寞的周邦彦在一个凄冷的秋日写道："更深人去寂静，但照壁孤灯相映。酒已都醒，如何消夜永？"大意是夜深了，我该如何度过这漫漫长夜呢？如今又是一年深秋至，于是在一个又一个月黑风高的夜晚，个别同学用行动做出了这样的回答——"洗漱了好几次，歌唱了好几首，天都快亮了，他们还没睡呢；你睡得安稳吗，我只能清醒着，这夜晚有点闹，怎么办睡不着……"寝室环境决定了睡眠质量，进而影响第二天的学习效率。唯物辩证法的联系观告诉我们，世界是一个普遍联系的有机整体，是一幅由种种联系交织起来的丰富多彩的画卷，其中没有一个事物是孤立存在的，事物内部的各个部分也是相互联系的。在寝室这个小集体中，我们每位同学都是客观存在的一部分，我们有义务共同营造温馨和谐的寝室环境，每个人的一举一动，都应考虑到身边的同学。夜深了，也许你无意的洗漱声,会惊醒室友酣甜如醉的美梦;也许你不经意的窃窃私语,会埋下诸多不和谐的祸根。所以,正确认识和处理整体和部分的辩证关系就显得尤为重要。在此我代表一中众多饱受骚扰、夜不能寐的同学强烈呼吁:让三国杀君、乌克丽丽和水龙头们早点歇息吧!

芳草绿地,滋润人心。有人说学校是人类文明沙漠里的绿洲,而教室就是绿洲里知识的殿堂。当我们在绿树成荫的校园中漫步时,一定会感到心旷神怡;当我们在窗明几净的教室里读书时,怎能不全神贯注?这些天,通过对硬件设施的改造与完善,校园面貌焕然一新:水杉林更绿了,滴水潭更阔了,艺术中心也在脱胎换骨紧张地施工着,一切都变得更加高端、大气、上档次了。优美的环境,让我们懂得珍惜,学会爱护;优美的环境,让我们知书达礼,更加文明。那么作为一中人,你是否也应该用你的细心与文明,努力留住这宝贵的风景?少丢一份垃圾,多做一次值日;少踩一寸花草,多留一个微笑。

古人在很久之前,便体会到了外界环境的重要作用,于是有了孟母三迁的故事;有了耳濡目染、染丝之变的说法。学习环境更是对我们的成长有着深远的影响。“蓬生麻中,不扶自直;白沙在涅,与之俱黑。”我们学习成绩的好坏与学习环境有着密不可分的关系。即使一个不爱学习的人,在一个学习氛围浓厚、学风正的班集体中,也会深受感染,不由自主地爱上学习;而一个品质不错,很有发展前途的学生,在一个喧嚣哄乱的集体中,也会丧失学习兴趣,最终成绩一落千丈。哲学上讲主次矛盾的关系,从某种意义上来说,学习环境就是一个主要矛盾的主要方面,这就要求我们重视学习环境建设,让它不断向好的方面发展,自觉构建良好的学习环境。郑州一中所推崇的主体课堂、自习课堂建设,就极大地促进了学习环境的良性发展:主体课堂给你海阔天空,任你鱼跃鸟飞,同学们的思维在激烈的争辩中,摩擦出智慧的火花,提高课堂兴趣的同时,也极大地提高了自主创新能力;自习课堂给你立下入静、入定、入神的三级目标,大家在安静且浓厚的学习氛围中高效自习,不断提升学习能力。一中给我们提供了如此优越的学习环境,我们又怎能不加倍珍惜和爱护呢?培养良好的学习习惯,从你我做起,从现在做起。学习之路是拥挤的,学习之路是寂寞的,我不是摇滚歌手,你亦不是脱口秀主持人,所以不论是课堂还是自习,每位同学都应为维护良好的学习环境而严于律己,向学霸看齐!

少年,你依然寂静如初吗?在我苦学均值不等式的时候;少年,你依然入定、入神吗?在我已经自习了很久之后;少年,你要坚强地留在学习的战场上,并且露出明媚的微笑!

同学们,校园是咱家,关乎你我他,要想当学霸,还得靠大家。爱护学习环境,建设美好校园,让我们携手共创!

关于考试的思考

郑州市第一中学1408班学生

许多人都曾经问过，我们为什么要考试？为何而考？

2011年的那个夏天，作为一名考生我亲身经历了中招考试。炎炎烈日下，一群人密密麻麻地挤在考场的门外，坐立不安。干涩的嘴唇，疲惫的身影，而最让人揪心的是那充满了焦灼、紧张、渴望、忐忑，还有心疼的眼神。考试结束的铃声一响，考生们涌出来，这群人就涌上去。眼神里满是小心翼翼，又充满了不安的探询。看到孩子带着自信的微笑，眼神就亮了；看到孩子有些沮丧，心就一沉，但马上镇定自己，安慰孩子，他们就是我们最亲近的人。那种感觉是如此的刻骨铭心。今天是2012年4月9日，离本学期第一次大考——期中考试还有8天，同学们，为了父母灿烂的笑容，更为了自己未来的成功，即使再苦再累我们也应当坚定信念，向自己的目标不断努力奋斗。

我的父亲在每次考前总会告诉我这么两句话：

第一句:你可以犯错,但必须成长。

考试时会有一些紧张,但不能过于紧张,要沉着冷静,应临场不乱,不犯低级错误,切忌看错、写错。要对自己充满信心,认真分析试题,仔细推敲,先易后难。考题你容易人家也容易,因此遇到容易的题不要忘乎所以,要细心谨慎;考题你难人家也难,因此遇到难题莫惊慌,要认真思考。做到基础题拿满分,中档题不失分,争取战胜难题,并注意把握时间。而且要熟练掌握老师教给的应考技巧,工整作答,最大限度地向卷面要分数!

第二句:你可以担心,但必须微笑。

期中考试既是知识的检测,又是意志的磨炼。我们在考前复习中也许并没有做到尽善尽美,但希望同学们能够抓住机会,展示自己,不管成绩怎样,都以积极的心态面对考试,不逃避、不放弃,勇敢地面对。

在巴西有这么一种植物,阳春三月,它小得可怜,只有拇指那么大;金秋十月,它一天能扩展3米,它的枝叶几天就能把一亩地长满。它就是著名的巴西火红花。同学们,你们知道巴西火红花为什么能够生长得如此迅速吗?科学家发现,在十月之前的几个月里,火红花一直在努力生长根部。经过数月的努力,它的根就像一棵大树那样壮,也因而有了惊人的爆发力。

学生也正是如此,学习数月,蓄势待发,如今考试的号角已经吹响,胜利的旋律已在空中回荡。英雄弯弓,箭在弦上,长风破浪会有时,直挂云帆济沧海,行动起来吧,请带上最锐利的头脑,握紧最有力的拳头,拿出我们的智慧,拿出我们的勇气,挑战每一场考试,去谱写属于我们自己的辉煌!

让奋斗点亮青春

郑州市第一中学1302班学生

人生就是行动，人生就是奋斗。一切真善美的东西都是通过奋斗而获得的。面对似水年华，我们是选择浑浑噩噩、虚度青春，还是选择脚踏实地、拼搏奋斗？是努力做笑傲天穹的雄鹰，还是甘愿做碌碌终生的庸人？人生恰如这一连串的选择题，而它的唯一答案，就是奋斗！

奋斗是什么呢？奋斗，其实是一种勤勉的跋涉和淡泊的心境，是一种刚硬的精神气质，更是一种壁立千仞无欲则刚的节操。

或许有人会问，我们，为什么要奋斗？

李大钊告诉我们，青年之文明，奋斗之文明也。与境遇奋斗，与时代奋斗，与经验奋斗。故青年者，人生之王，人生之春，人生之华也。所以，一个有着远大理想的人，他的青春必然是奋斗的青春。

光阴似箭催人老,莫让年华付水流。我们青年人之所以要去奋斗,往小处说是为了自己。因为,只有奋斗,才能穿越黑夜,才能披荆斩棘,最终踏上铺满鲜花的路途。往大处说,是为了我们的民族。我们是龙的传人,肩负着中华民族伟大复兴的历史责任。梁启超先生“少年强则国强”的呼唤尚在耳畔回响,周恩来总理“为中华之崛起而读书”的壮志又在心中激荡。从戊戌变法到辛亥革命,从建立新中国到改革开放,唯有奋斗——我们整个中华民族的奋斗,才能让东方巨龙傲然屹立于世界民族之林。

那么,正值青春的我们该如何去奋斗呢?

奋斗,需要众里寻他千百度的执着。既然选择了远方,就只顾风雨兼程。

奋斗,需要咬定青山不放松的坚守。在纷至沓来的诱惑面前稳住野马般不羁的思绪。

奋斗,需要面壁十年图破壁的专注,需要锲而不舍孜孜以求。

奋斗更需要饱含真情的投入,需要给予,需要付出。

还记得中国女排五连冠的奇迹吗?世界冠军的桂冠,对于年轻的女排姑娘们来说,曾是遥不可及的。为了使几代人的冠军梦变成现实,女排姑娘们克服常人难以想象的困难,向世界排坛的高峰攀登。腰扭伤了,爬起来再练;腿擦破了,也不下球场;手裂血口,咬着牙拼打,甚至连发烧也不休息。终于,在1981年以七战七捷的辉煌战绩,让五星红旗第一次在世界杯的赛场上飘扬。

还有两弹元勋王淦昌，郭永怀；还有“杂交水稻之父”袁隆平；还有香港的李嘉诚，台湾的郭台铭，日本的松下幸之助，美籍华裔赵小兰，等等等等。他们精彩而传奇的人生告诉我们，有一种过程叫奋斗，有一种幸福叫奋斗，充满奋斗的人生，才是丰满、无悔的人生。

一个真正的强者，他不流于凡俗，他有的是激情，他要让青春的激情融进生活。她会对浪花说：我是海的女儿！他会对自然说：我是光！我是火！我是孤胆走天涯的拓荒者！他跋涉于山峦之间，一路逶迤，一路雄关，一路风云舒卷。他在蛮荒旷野中踏出的脚印告诉我们：奋斗是人生最美的歌！

崇尚奋斗，品味青春。如果说懒惰是青春的悲哀和无奈，逃避是意志的沉沦和丧失，那么，只有为理想而奋斗才是青春的升华和永恒。

又是一年春草绿，依然十里杏花红。新年伊始，走进春意盎然的校园，面对新粉刷的起跑线，让我们用奋斗作笔，以坚毅为墨，蘸着勤劳的汗水，去谱写我们人生的美丽华章。让奋斗点亮青春！

青　春

郑州市第一中学 1212 班学生

有人说，青春是十七岁的年华；有人说，青春是运动场上跳跃的身姿；有人说，青春是奋笔疾书的身影。这些都是青春，好像又都不全面。今天，我很荣幸能与大家共同探讨青春。

我们的青春是肩负责任的青春。人是社会关系的总和。责任，就是连接我们和社会的纽带，指引着青春前进的方向。周恩来同志在青年时笃志"为中华之崛起而读书"；毛泽东高呼"问苍茫大地，谁主沉浮？"；马克思中学时深情写下"如果我们选择了最能为人类福利而劳动的职业，那么，重担就不能把我们压倒……面对我们的骨灰，高尚的人们将洒下热泪"。他们在青年时代选择的责任，树立的理想，为人生之路提供了不竭动力。责任既是无法逃避的，又是主动承担的。承担"谁言寸草心，报得三春晖"的责任，我们就是孝的传人；承担"天下兴亡,匹夫有责”的责任,我们就是合格的公民;承担“先天下之忧而忧,后天下之乐而乐”的责任,也许我们就能推动世界的进步。梁启超先生在百年前就曾期寄“少年智则国智,少年强则国强,少年雄于地球,则国雄于地球”。重任在肩,我们都要加倍努力!

我们的青春,是全面发展的青春。全面发展,既指学科的综合应用,又指身体素质、心理素质、交往表达能力的全面提升。不论我们从事什么样的职业,深邃的思想见解、扎实的数理基础和浓郁的人文素养都是我们需要具备的基本素质。现如今,高考制度改革,限制小语种和竞赛报送,扩大高校自主招生名额,逐步取消文理分科,等等,这些都是社会对全面复合型人才需求的信号。纵观古今,全面发展,开阔视野,才能让牛人更牛,强人更强。笛卡尔、罗素,既是伟大的数学家,又是伟大的哲学家;纵横数理的钱学森、苏步青都在中国古典文学领域深有造诣;爱因斯坦、薛定谔的音乐才华也常为人称道。李政道有言,“科学和艺术,是一枚硬币的两面。”我们不能做仅有一面的硬币,要从九门功课中吸收营养,在体育和艺术中发展自己,在竞赛和活动中磨砺自己。通过全面发展,我们才能走上更高的平台,承担时代的重任。

我们的青春,是乐观进取的青春。同学们,请不要总抱怨单休和“菠菜卷”,不要总抱怨无尽的作业和食堂的饭菜,不要总抱怨高考的残酷和竞赛的苦涩。“牢骚太盛防肠断,风物长宜放眼量”。青春少年,就应该以乐观的态度,拼搏的精神,战胜一切艰难险阻,带着微笑,向着理想迈进。不信请看看背后猎猎作响的五星红旗,望望头顶湛蓝高远的天空,踏踏脚下清新坚实的土地,瞧瞧身旁笑容灿烂的朋友。生活在深爱的祖国,享受清晨的朝露和灿烂的阳光,同朋友们一起向梦想的彼岸拼搏,还有什么比这些更珍贵的呢?雷锋曾做过最好的诠释,“青春啊,永远是美好的,可是真正的青春,只属于这些永远力争上游的人,永远忘我劳动的人,永远谦虚的人!”

同学们,白日莫闲过,青春不再来。青春就像黄金,你想做成什么,就能成为什么。我现在说的话,转眼就会被忘记。但我们在青春年华中所取得的每一点收获,都将在生命长河中留下持久的回音。肩负责任的青春,全面发展的青春,乐观进取的青春,将为我们的未来打下坚实的基础,提供不竭的动力。

如果大家还有些许疑惑,在即将举行的青春典礼演讲比赛中,各位选手将为我们提供更精彩更深刻的答案,届时希望在会场看见大家的身影。

最后,我以汪国真先生的《热爱生命》与大家共勉。

我不去想是否能够成功
既然选择了远方
便只顾风雨兼程
我不去想能否赢得爱情
既然钟情于玫瑰
就勇敢地吐露真诚
我不去想身后会不会袭来寒风冷雨
既然目标是地平线

留给世界的只能是背影

我不去想未来是平坦还是泥泞

只要热爱生命

一切，都在意料之中

写意校园

筑梦者联盟

郑州市第一中学教师　葛　静

当香樟路旁的树开始挥毫泼墨，当兄弟湖畔的夜愈加月白风清，中原路182号院开始了新一轮的招募，等候着白齿青眉的你，渴盼着不忘初心的你，和我们一起筑梦！

青葱岁月，人人皆有绚丽多姿之梦想。然而，时间流逝，有人改变了自己的梦想，松弛了心灵的琴弦；有人不自信地盲从于他人的说法，忘记了自己其实是一颗耀眼的星辰！

坚持梦想，守护初心，是每个人一生的重要使命。我们需要用充满爱和激情的内心、沉着而稳健的步伐以及钢铁般的意志打造出玄铁宝剑，艳杀天下随处可栖的妖魔。

一把太阿剑，让你内心强大，不迷失自我。距离中考那临门一脚，还有不足一个月。此刻天最黑，心易乱。你或许会有短暂的忐忑，但梦想的召唤会让你拥有空前的豪情壮志。流星之所以闪耀，是因为它燃烧着走完自己的全部路程。楚王也是在杀出重围的最后时刻才最终激发了太阿剑的神力。临危不乱、坚持到底的强大内心是斩获成功的利器。

一把纯钧剑,让你信念坚定,不轻易交换自己。此剑如出水芙蓉,雍容清冽;又如千丈断崖,巍峨崇高。面对千匹骏马、三处富乡、两座大城的筹码,勾践选择永远珍藏。只因众神磨铸十年,已成绝唱。此刻,许多人会给你抛来橄榄枝,甚至有些人会给你做出某种保证,那是因为你足够优秀!你或许会彷徨,或许会妥协于某种安稳。可是你必须清楚自己要的是什么!郑州一中有太多可爱的大侠,他们各显神通,和平相处;时时切磋,其乐融融。用三年的时间练就"自我教育"这一绝世武功,碾压天下"分数",成就新时代"大神"。

一把轩辕夏禹剑,让你斩妖除魔,扫平人生路。学校生活美好纯粹,令人毕生魂牵梦萦。然而终要出门远行,独自面对生活。在这个沉寂而又喧嚣的世界,对你的内心毫不在乎的无数元素纷纷升起,比如来自物质的诱惑,比如来自精神的陷阱,正如阴影伴着阳光,它们与胜利如影随形。生活中除了负担,还有更高的忠实。忠实于自己的内心,忠实于自己的梦想,这些可以让我们撕碎妖魔的嘴脸,永远做自己生活的主人!

带上你的梦想来吧,因为这里有你要的江湖!

将生命的种子植于沃土

郑州市第一中学教师　肖　畲

“后皇嘉树，橘徕服兮。”“青黄杂糅，文章烂兮。”这是伟大诗人屈原对橘树的深情歌吟。在温润肥沃的土地上，橘树吸收天地之精华，深固其根，繁茂其枝，苍翠其叶，甘馨其果，让志洁行芳的诗人景慕倾倒，也给芸芸众生带去清沁肺腑的甘甜。

其实，每个人的生命都是一粒种子，都注定会发芽，抽枝，结果。但发育出的身姿是挺拔丰伟，还是伛偻瘦弱；孕育出的果实是硕大甜美，还是干瘪苦涩，恐怕要看你将种子埋进了哪块土地，将它投入了什么样的怀抱。

亲爱的同学，在中原西路 182 号，郑州一中正敞开博大温暖的怀抱，迎接每一位追求卓越的逐梦者。

这里有深厚肥沃的土壤。明朝天中书院的精神渊源，与共和国同年诞生的卓越起点，近七十载的不懈奋进，两万多个日日夜夜的沉潜积淀，让这片土地气度恢宏，营养丰沛。这片沃土能给每一粒渴求成长的种子以全面的滋养。你会饱尝传奇名师的知识大餐,畅饮博学硕儒的智慧佳酿,在学科竞赛中淬炼特长,在社团活动中探索生命的航向。这片沃土能让你尽情绽放,也会告诉你如何修剪自我,让成长中的少年更加挺拔俊朗。

这里有和煦温暖的阳光。谁的生命不曾有过彷徨?谁的心里没有泛起过忧伤?当阴云侵袭心房,不必沮丧,因为在这个温馨的大家庭中,永远充满和煦的阳光。每天早晚自习前伫立在教室门口的身影,不仅仅是督促与管教,更是守望与呵护;每节课逡巡在你面庞上的目光,不仅仅是提醒与责备,更是关心和期待。每一位老师都愿意倾听你的烦恼,打开你的心结,让阳光重新洒满你的心房。你可知道,"爱的教育,善的事业",是一中人永恒的基因,是一中人最高的精神信仰。

这里有辽阔高远的天空。当功利主义的浪潮席卷社会,当"精致的利己主义者"大行其道,总得有一些固执的城堡,守护宁静,守护纯粹,守护高远的精神天空。我们非常在乎你的"战斗力",会倾心帮助你打造行走江湖、克难制胜的利器;我们也同样在乎你的"精神力",希望能在你的心中撒播诗意,栽种理想,浇灌善良,培植博大,让你能够既执着又通脱,既能建功立业又能俯瞰天下,既能是非分明又能心怀慈悲,让你心灵的天空浩瀚高远到永远不会被阴霾遮掩。

亲爱的同学,将生命的种子埋入这片沃土,固其根,茂其枝,翠其叶,甘其果,让它蓬勃舒展,丰盈饱满,不负青春芳华。

期待与追求卓越的你,在此相逢。

你是一中的意中人

郑州市第一中学教师　王晓伟

01

玲珑少年　青涩梦幻
想和太阳见面
来鉴证汗珠的七彩　是否和阳光一样斑斓
此间的少年
涌动着对美好未来的期盼
那羽翼渐渐丰满　想让白云看到它的柔软
人生就是这样
从一条路到另一条路
从一个地方到另一个地方
当然更重要的是
从一个峰巅到另一个峰巅
此时此际　请大口呼吸

彼时彼刻　不知今夕何夕
四季旋转　雨雪弥漫
太多惊喜等待着重复上演

02
多么激动人心
目标一个一个　时光一段一段
所有那些旖旎的风景　都在你前方不远
都让你感觉新鲜
想象一下　漫天星光
只要踮起脚尖　便可感受温暖
嗓音变得浑厚
青春要在这里拐弯
这份期待怎么如此令人晕眩
未来三年　我们相约
为所有认真的梦想许下诺言
你所有的付出都值得这份岁月的恩典

03
我们从未谋面
却有灵犀一点
四时流光颇缱绻　倾你一生一世恋
这校园葱茏　繁花满眼
一月迎春灿烂　二月碧桃红艳

三月海棠湖边照影美如仙
四月樱花树下频流连
五月月季层层瓣瓣
六月石榴红似火　七月荷花大如伞
八月桂花传得云外信
九月菊花不畏不惧傲霜天
蔷薇紫薇　薇薇一笑很倾城
牡丹芍药　思前想后谁更艳
让鲜花与鲜花相遇　让花香互相濡染

04

这菁菁校园
值得你疼　值得你爱　值得你恋
那社团活动如火如荼
那足球和篮球想和太阳肩并肩
高效的课堂等你领略　自主的精神等你发现
而顶尖大学的夙愿啊　伸手可揽
来吧　和我扑个满怀
我宝刀不老　你青春年少
你向着我的方向奔跑　我望着你的来路微笑
不诉春宽梦窄　不怕途路迢遥
可以梅边吹笛　可以幽篁长啸
白桦林前芳草绿　天鹅湖里春水蓝
我可以错过春日的第一缕柳丝
却不能错过这青春的盛宴

我可以错过夏天的第一场雨
却不能错过与你约会的美丽地点
中原西路　182 号院

缘结一中，此生无悔

——写给未来的一中人

郑州市第一中学2019届学生　章雪瑶

01

圆梦初三

那年五月，
等待着中招考试的到来，
等待着梦想花开的时候。
我们历经了残酷的体育测试。

我们已拼搏了
无数个日日夜夜，
我们都在为
实现心里的高中梦而奋斗着，
渴望着那个梦想开始的地方
——郑州一中。

02

相聚滋兰

那年八月，
有一群年轻而充满活力的生命
来到了中原西路 182 号院，
相聚在滋兰。

那是各个初中最优秀的学子，
那是 182 号院最新鲜的血液，
那是这片沃土上最灵动的生命，
那就是我们，
我们有了一个共同的名字：
一中人。

03

沉淀树蕙

如今，
我们已脱离稚气，
变得成熟，
沉淀在树蕙。

我们熟悉了主体课堂的热烈讨论，
我们经历了丰富多彩的社团活动，

我们更深刻地理解了
“勤、严、实、真”四字校训,
我们真切地领会到
一中的自主精神,
而这些都将等你们来感受
未来的一中人。

这里有最可爱的同学,
这里有最可敬的老师,
这里有最难忘的回忆,
这里有最难以割舍的一中情结。
缘结一中,此生无悔!
我们,在这里等你们!

不负春光，不负卿

郑州市第一中学教师　侯　巍

薄雾如衣春罩纱，熏风一过景愈华。

经历过数次烟雨皴染，此时的一中，春光如泼：牧羊坡桃花弄影，滴水潭春波涌动，水杉林漫空葱茏；读书廊的尽头，怒放的碧桃和雪白的梨花交相辉映；明新楼的背后，是成排的，花开如蝶的巨紫荆；丁香向晚，青石小路，西南角园是最佳寻幽之处，这里的大叶杨叫醒枝端的鹅黄新绿；杨林下有白、紫相间的二月兰，花开如垫。

我知道，春光逼人，你却无暇赏春。

你早起搞拉练，双脚磨出了老茧；你熬夜做实验，熬红了双眼；你背书背到口干，做题做到胃寒，写字写到手软；你习题如海，卷堆成山。也许，初三是你经历中的最苦时光，但那又何妨，你不怕万人阻挡，你要扛过绝望，为活得漂亮。

没人再敢嘲笑你的年少轻狂，你将诠释什么叫胜者为王。

为了梦想,宁可一时辜负春光。

一中,有群人,自称“高三党”。旭日未升,他们已在教室,一脸淡定,安坐如钟;长夜未央,他们仍在宿舍,一把短笔,续写辉煌;他们以梦为马,不负韶华,只为6月8日下午17点,合上笔的一刹那,能骄傲得像个合刀入鞘的江湖大侠。

他们现在的状态,是过去的他们用努力换来的,他们就是三年前的你们;而你们未来的状态,将由你们现在的努力决定。你们就是三年后的他们。日复日,年复年,风雨兼程,你要赢,加油,少年!

一中,没有辜负他们,更不辜负你。

教育,是场接力赛,高三一过,一中将体面地退场。大学,天高海阔,他们鱼跃鸟飞。

教育,是场接力赛,初三一过,母爱将体面地退场,一中将全面接力你的学习和生活。一中的宿舍,是带空调的四人间;一中的图书馆,图书全由学生选;一中的篮球场,室内室外全开放;一中的餐厅,有顶尖的美味,坊间传言“一中伙食可增肥”;游泳池、博物馆、艺术中心、钢琴房,教学楼里有连廊,一中的硬件响当当。

一中,主体课堂闻名遐迩,理科优势不言而喻,竞赛成绩有目共睹,节拍民主,氛围自由,校园管理,却严字当头;一中,理科老师谨严,思维敏捷清晰,解题准确高效;一中,文科老师儒雅,说话口吐莲花,写作妙笔生花……一中的软实力谁又能敌?

人间四月天,芳草遍绿川。郑州的春天总是特别短暂,趁着春阳正暖,何不快马加鞭?

天青色等烟雨,一中在等你。

一中古意

郑州市第一中学2019届学生　程培航

郑州一中，处中原西路182号，坐北朝南。拥良田几顷，有师生数千；出佳人才子，自桃李馨然。于滋兰下种，始树蕙荫园；待三载蹒步，积土而成山。

一日之内，晨曦起闻鸟雀啼梧桐，和应书声琅琅。日半时观云出岫掩红绯，烟霞千丈生辉。至于月明星稀，方欢心得归。如何去？从廊去。三载微曦出，挂弦回，看长廊流青滴翠，或穿花盖雪。是故曰：郎小穿廊小，郎长伴廊长。

校中四时良多好景，春日缓缓去，看清流潺湲，玉兰雪含。夏月高盘盘，闻螽喳蝉鸣，碧波澹澹。秋风落叶扫，赏银杏碎金，梧桐叶半。冬雪成素裹，见梅樱琐屑，垄土项白。

至若天朗云行，滴水潭中，黑羽每拂清波，红蹼与锦鲤相戏。湖心亭上，妙人多谈诗赋，生花笔绘大好山河。亦自有兄弟湖畔，秋千悠荡听声声巧笑，水下沚屿交错，成桥铺路以阔步前行。而生员多乐流水,或嬉戏玩闹,或吟词捧书,不知何夕当归。

校内亦设小景。始校门西行十数步,见青黄草地,上有牧者挥鞭,羊群自得其乐。为青铜浇铸,音容笑颜栩栩然也,谓之“牧羊坡”。再东望,过启蒙广场,翠竹盘节前矗一人像,半身清明,半身混沌。斯人手握重锤精钻,不住打磨开凿其身,引喻“生生不息”。先生面庞刚毅,亦不失文雅,若劲松铁柏,亦似芝兰玉树。傍竹园,环之水杉,名曰:“ZYZ”。

郑州一中自一九四九年创校至今,年岁逾一甲子,且近古稀。六十余载朝朝暮暮,生员千万多往山南海北,霞为衣兮风为马,笃志明新,砥砺前行,谨言于外,内蕴精神。然常记先生所言,作警钟铭刻,伴左右,携提本心,不敢渝忘。

为之何?曰:“凡治学者,当为天地立心,为生民立命,为往圣继绝学,为万世开太平。”万千学子如是终成材矣。

一中记忆

郑州市第一中学2019届学生　曹家明

也许是心之所向
也许是一见钟情
也许是机缘巧合
也许是命中注定
太多的也许
在那个夏日开出了荷香
凝成十五岁的脚步
停留,在这个有阳光的地方

看得到,牧羊坡上的花花草草
忘不了,ZYZ先生的钉钉凿凿
你走在阳光下
青春走在你的脚下

你好
我的新家
中原西路 182 号

一纸光阴滋芳兰
那第一位见到的陌生人
迎着风,竹枝招展
久不闻书声
唯此处琅琅犹不散
你的笔尖匆匆
岁月的树轮
又多了一环

两点墨痕染树蕙
廊外水杉静立
静不过晚上八九点的教室
灯光在空气中沉睡
目光在灯光中吟诗
自习,我称它不言的仪式
往事难回
那是在一中的记忆

三层玉阶积巍山
偶尔还会去到湖心亭

看看闪着晶光的滴水潭
只不过再无时间拿去忧愁——
晚上九点四十的人影
早上六点五十的坚定
六月就走
离程还远,路很难

记忆有时绚烂
像食堂门口的几棵石榴
像藏匿在角落里的椅山
夏辰广场的歌声驻留
江槐园的荫凉逸散
也许没有人知道
我的离开和我的三年
也许明天一早
我就在地球的另一边
可如果青春接受祷告
请拭去相册上的斑斑点点
就让我回到
我刚来一中的那一天

有　约

郑州市第一中学2020届学生　许水昕

听一段晨乐中的朦胧
惊醒地扬起落了花的笑颜明灯
角落里停不下的钟声
像是在转着无休止的岁月永恒
拾一把夜影里的风痕
安然地沉入带了笑的周公清梦
窗格外郁葱葱的青松
像是在守着静悄悄的叠山几重

赏过樱花,看过江槐
指间滑过的,那一缕晨光微抹
走过明新,路过天中
眸中闪烁着,那一幕星空烛火

或许记忆,剖开了光阴里的核
或许时光,晕染了记忆里的果
樱花清香,江槐荫影,不曾凋落
明新挺拔,天中静仁,不曾寂寞

兄弟湖上起舞的黑色精灵
芦苇轻依,秋千悠悠,时间悄然逝去
滴水潭上眺望的四角小亭
潭水涟漪,小路曲折,时间刻在心中
春花夏月,秋枫冬雪,四季轮回
剥落了树冠下的点点光影
春雨夏雷,秋霜冬梅,几度荏苒
融化了水面上的薄薄残冰

一朵幽兰,滋养的是内心萌芽的梦想
两段蕙芷,树立的是眼眸耀眼的信仰
三重积山,积累的是掌心铭刻的过往
从幽兰芬芳到蕙芷,从蕙芷绵延到积山
哭过的,笑过的,都随着时间流淌
变成美好却不荒唐

在这里,有数不尽的阳光清澈凉露夜
在这里,有听不完的书声琅琅笑声叠
在这里,有诉不够的友情相伴师生谐
在这里,有爱不散的一中时光风不歇

在这里,在中原西路 182 号院
三年时光,一生相约

走近一中

郑州市第一中学2020届学生　杨怡凡

一阵诱人的书香扑面而来
聆听一中，
一曲高雅的华韵迎风轻拂

天亮了，
他们总是在这之前就开始了一天的学习
夜深了，
他们总是在这之后依旧坚持卓越的求索
操场上，
他们用挺拔的身姿演绎青春的活力
教室里，
他们用挥舞的笔尖描写不懈的坚持

兄弟湖畔,望见水草满塘,天鹅翩翩起舞
滴水潭边,听闻春芽初发,水滴随风飘散
小园香径,一路花开相伴又春归
牧羊坡下,领悟自主自立心自奇

听,讲台上激情澎湃传播丰富的知识
看,课堂里热情洋溢畅游思想的天空
茶余饭后,
丰富的社团活动让我们的生活充实
晨辉夕阳,
跑道上奋力奔跑使我们的身心健康
在这里,
不只有卓越和自主引航的课堂
在这里,
还有那青春与欢笑浇灌的土地

某月某天,你坐在教室里,
想象自己的三年青春
似乎一切都那么远,时光匆匆,
却走不完这三年
某年某月,你是否又会回想起,
自己曾来过这里
为了明天,苦苦奋战,
身心疲惫却终不悔

这个地方,没有城市的喧嚣
只有书本散发的墨香和奋斗留下的足迹
这个地方,没有市区的烟霾
只有早春初开的花苞和盛夏遮阴的绿叶

来到这里,感受卓越的魅力
来到这里,领悟自主的精髓
灯火通明,照亮了日落后的一中夜色
艳阳高照,映出了上课前的校园风景

走到这里,你会被它深深打动
了解这里,你会将它铭记于心
走近一中,感受它曾经绚烂的昨日
走近一中,塑造它更加辉煌的明天
今日无风,夜深心有清风起
此地有缘,情至浓处缘自来

春天不是读书天

郑州市第一中学教师　闫　芳

春天不是读书天，
掀开门帘，投奔自然；
放个纸鸢，飞上半天。

春天不是读书天，
舞雩风前，恍若神仙；
攀上山巅，如登九天。

春天不是读书天，
鸟语树尖，花笑西园；
宁梦蝴蝶，与花同眠。

春天不是读书天，

放牛塘边，赤脚种田；
工罢游园，苦中有甜。

春天不是读书天，
之乎者也，太讨人嫌；
书里流连，非呆即癫。

朗朗上口的话语道出了陶行知先生教育思想的精髓——“知行合一”“生活即教育”而“之乎者也，太讨人嫌；书里流连，非呆即癫”不过是老先生的戏谑之言，劝大家不要成为书呆子，要好好读读自然这本书。

自然是美好的，春天更是美好的，每一刻都是美好，因此，古人赏春，害怕错过半寸光阴。“只恐夜深花睡去，故烧高烛照红妆”：苏轼惜春赏花秉烛夜游是雅致的。阳春秀美，夜色旖旎，好时节；清谈赋诗，花月痛饮，生雅趣；兄弟高才，俊秀高雅，乐天伦；缤纷桃园，美景乐事，好风光：诗仙李白选择在春夜的桃花园宴请堂弟们是浪漫的。天朗气清，惠风和畅，崇山峻岭，茂林修竹，清流激湍，映带左右：王羲之在春光里与群贤少长畅叙幽情，信可乐也。春花、春月、春雨、春风……春天的每一种景观都能引发诗思；春宴、春游、春泛、春望……春天的每一种姿态都能激起诗情；盼春、寻春、送春、惜春……皆可成文章。春天，怎么会不是读书天呢?！春天正是读书天，少年青春好读书！

青春如海，书籍是舟。泛舟海上，领略李白怎样将人生演绎得生龙活虎、荡气回肠；见识杜甫如何将推排不尽的千斤悲愁一肩挑起；泛舟海上，和孔子一起“造次必于是，颠沛必于是”“知其不可而为之”，一意孤行，正道直行，用最质朴的话语教化人；和庄子一起化身为一棵树，一棵孤独的在深夜看守心灵月亮的树，守望无人的夜里静静悬挂的明月。走近周国平的《妞妞》，体会一个父亲的绝望；拜访《我与地坛》，认识一位活得最苦的母亲……翻开《人性的光辉》，听听林肯的铮铮誓言：“人所能负的责任，我必能负；人所不能负的责任，我亦能负！”合上《无出路咖啡馆》，静静感受严歌苓营造的美丽氛围……

虽然浮躁的浅阅读时代，随处可见经典被图解，历史被戏说，虽然掏出手机就有海量图书，但是校园确实不应该让那个静静读书忘了天黑的时代渐行渐远。因为那样，我们失去的不只是经典的底蕴与精神，更是与阅读相随的心灵的宁静。黑夜给了我们黑色的眼睛，让我们用它来寻找光明！

让我们告别“春天不是读书天，夏日炎炎正好眠。秋到凄凉无兴趣，不如耍笑过残年”的怠惰，扫去生活的油腻琐碎和一地鸡毛，推开无关痛痒的闲谈与应酬，在中原西路 182 号院灿烂的春光中，先生与弟子，同仁与挚友，一起读一读书，携手看一看花，远离喧嚣与浮躁，守住淡泊与宁静。

春天不是读书天，暮春者，春服既成，冠者五六人，童子六七人，浴乎沂，风乎舞雩，咏而归。春天正是读书天，一座安静整洁、井然有序的校园，一群内心平静、润物无声的老师，一个个能自由思想、安静生长的学生，这是我能想到的关于春天的最美的画面！

清晨，阳光照在草上
草在结它的种子
风在摇它的叶子
我们站着，不说话
就十分美好

夜晚，月光洒在廊上
追梦的少年
坐在晚读的课堂
先生陪着，不说话
又一分美好

诗意师者

断　章

徐　群

徐群，男，1969 年 9 月出生于河南省息县，现居河南省郑州市，郑州市第一中学教师；系河南省作家协会会员，发表诗文若干，出版诗集三部：《祭·世纪末》（四川民族出版社，1996 年），《徐群诗选》（河南文艺出版社，2012 年），《误解是今世的粮食》（河南人民出版社，2017 年）。有诗文入选不同文本，本诗选自普通高中课程标准实验教科书《高中语文读本——中国现代诗歌散文欣赏（选修）》（上海科学普及出版社，2014 年 7 月，第 1 版）

01

只向人类望了一眼

你就开始痛哭

你的眼睛

是人类最后的
坟墓

02
为了驾崩后
众生继续对你顶礼膜拜
生前,按照自己的模样
你用石头
雕刻了一座大佛

03
烟雾缭绕,钟声响起
没人觉察到
你享用祭品时
嘴角抽象出诡谲的笑意
此刻,众生俯首跪地

04
香火明明灭灭
你立于龛中
已愈千年
享用的快乐与尊荣
把时间压短

05

曾经，你正在加冕
众生山呼万岁
激动的声音把空气点燃
高高的露台上面
你陶醉的神情让时间冻结

06

你面色红润、神采奕奕
看着菜色的众生
心中却纠结着一个问题——
既然没有饭吃
他们为什么不食肉糜？

07

渔网高高地挂在树巅
蛟龙在水边游玩
豺狼的双肩插着鸽子的翅膀
大度的鸵鸟把头埋入沙滩
盗铃的人群将自己的耳朵遮掩

08

曾经向你膜拜的众生形容严整
高高举起的画戟在你眼前晃动

你的眼睛一如既往地闭着——
俯视众生,千百年来
你都不再睁开眼睛

09
你的眼睛一如既往的空明
犹如婴儿澄澈无尘的心灵
你的内心是一条忧郁的河流
无数的鲜花顺水漂流
无数的石头逆水而走

10
怎样使死亡不朽
怎样使不朽死亡
一块块石头抬进来
一块块石头扔出去
一群人走进,一群人走出

11
风刀霜剑　风风雨雨
一千年后想起
自己高台上纠结的问题
你面带羞涩
抱愧不已

12

自由即自囚

自囚即自由

你心中的石头终于落地

按动快门的声音在你耳边响起

闪光灯照亮你的羞涩和矜持

13

夜色黑得不可理喻

阴谋从床上爬起

蛐蛐在梦中抬起头

透过疯狂的雨幕

痛哭一场后沉沉睡去

14

阳光鞭策着阳光

月色沉浸在月色中

世界依然喧闹而静谧

钟声与歌声弃你而去

洁白的莲花睡在自己的梦里

坚守或者对抗

——读《徐群诗选》[1]

刘惠臻

刘惠臻，文学学士，教育硕士，郑州市教育局教学研究室教研员，曾任郑州市第一中学教师、语文教研组长。本文选自《世界文学评论》第16辑（世界图书出版公司，2013年8月）

尽管诗在更大程度上是一个人的呓语，是自我隐秘内心世界的灵光一闪，但它所映射出来的对他人乃至人类生存境况的观照，却常常决定了诗的品格高下与境界大小。博尔赫斯说，“诗并不是外来的”，“诗就埋伏在街角那头”[2]；从这个意义上说，诗本质上是一种发现，诗人都是发现者，既能发现寻常生活的表象，又能发现表象背后的更大更真实的存在。

但诗人的发现是有选择性的，在遍地盛开的诗意中，诗人选择什么来表现，取决于其关注点或趣味。心有所系，眼有所见；心无所系，视而不见。比如以下的场景：“黑色的路/车祸/

有人死掉/于是//有人去看//烈日炎炎/熏烤烂了的柏油路/流淌着/乌黑的汗水/酱紫的争辩//诅咒　遗憾//——没人弄清楚/那人/是女　是男。”(《纪实——为死了的和死着的》)中国式围观正如中国式过马路一样人人习见,但恰恰因习见而漠视,而无视。曾经,鲁迅用小说讨伐看客,解剖围观文化,可是没有用:鲁迅死了,看客依然活着;文学退居一隅,惨淡无光,围观四处泛滥,风生水起。同样的救世情怀让徐群以诗接替了鲁迅的战斗,他不动声色,以诗为镜头,定格在街头密集围观、热烈争辩一场车祸的人们,引领人们发现这触目惊心的现实,进而发现这个世界和人们内心的幽暗。可他的参战注定是没有用的。螳臂当车,何其悲壮!“知其不可而为之”,这是诗人的使命。正是对社会的关怀和文人自觉的使命感使徐群眼光独到,常能发现其他诗人觉得不堪入诗的场景。梁小斌说“诗如果不以反驳作为它的动力,诗的命运只能是罪恶”[3]。话说得有点绝对,但强调诗歌直面真实世界,直面人的灵魂,不回避人性的丑恶、人生的苦难和社会的痼疾,这种批判现实的态度无疑是正确的。自说自话、自伤自怜的诗歌也有精品,但更多优秀的诗歌之所以优秀,常常在于它超越了一己私情,用最精粹的语言传达出了众多身处此境者的共同感受,从而获得了普遍的社会价值和审美价值。

毋庸讳言,徐群早期诗作中也有一些“为赋新词强说愁”的作品;但他从来不津津乐道于闲愁逸恨、小情小思,而是敏锐关注着外部世界并随时想要深入挖掘和尖锐批判。他是一个随时准备“反驳”的诗人,他经常眉头紧蹙,嘴角紧绷,神情有点冷,有点沉,唯独目光如炬,专注而灼热。这种独特的气质表现在他的诗歌中,便是冷与热的胶着,恨与爱的交织。因此,他和他的诗给人的感觉不是忧郁,更不是忧伤,而是忧愤。读他的诗,会让人联想起杜甫、波德莱尔或者北岛,这并无恭维徐群堪与三者比肩之意,而是说他们的诗都给人又冷又热之感,冷的是诗人选择的意象或描绘的生活、场景,热的是语言背后深藏的情感,那滚烫的爱与恨,那强烈的痛苦忧患。比如在《不是辩解》中,他写现实的荒谬荒凉和人在现实中的孤独无助,"拖着迟缓的步子/梦一般的深泽在脚下晃动/蔫蔫的枯草/光秃的树枝/折射出死人脸一般的余晖 ……一片荒芜涯际的坟墓/只有在这儿我才感到有物为伍"。写自由被强权禁锢,生命被暴力宰割,言说的权利被政治话语霸权限制甚至剥夺:"自由在这儿套上枷锁/亡灵在这儿诞生 ","生机蓬勃的年代人们只应读颂歌/死有余辜/哀歌怎容发表"! 敏感时期,写这样的诗需要良知、清醒的判断和巨大的勇气。

20 世纪九十年代以来,激情淡出,物欲横流,诗人寥落,诗歌落寞。当人生的价值只能用钞票的厚薄丈量时,用诗歌与世界对话,或者探寻生命的意义就显得那么不合时宜。但诗人固执地思考并追问着:"生命的意义何在? /人生究竟有什么目的? /不要再思索了吧! ——/即使思索,你也未必能够想起"(《也许》);"'我该怎样生活?'/真不该在这样的时候/提出这样的问题/不识时务——招来白眼和嘲弄/更不会有人共鸣和同情"(《我该怎样生活》)。尽管有"世人皆醉我独醒"的孤独,尽管意识到自己与俗世的格格不入,诗人仍然对不自由的、随波逐流的生活保持警惕和疏离。就像小奥斯卡自觉地拒绝长大,并用铁皮鼓将自己与成人的世界隔离一样,“不识时务”,恰是诗人的自觉放逐,而诗便是他与某些人、某种生活决裂的宣言。

但徐群的矛盾在于,他自绝于俗世又关怀着俗世,对个体、群体,乃至人类生存境遇和精神生活始终怀着深刻的忧虑。就其才华而言,写诗不是一件为难的事,但就其写诗的心境而言,写诗仿佛又是一件沉重的事。你似乎能感觉到,那些笙歌隐约在耳的深夜,他凝神端坐,以诗为阵地,孤独而顽强地坚守着什么,抑或对抗着什么。他是乡村的放逐者。在那里,除了《最后的独白》,他没有留下什么,除了记忆,也没能带走什么。他来到北方,又成了城市的流浪者,他“把自己流放到一座七层的高楼”,“拒绝声音和色彩/拒绝成熟与收获”(《今夜》),但那淘空了的灵魂却没有痛。

痛感也许是诗人灵感的源泉。痛感消失,诗也便枯萎。但沉寂几年之后,徐群又拿起了写诗的笔。思想沉淀后的冷峻,以及广泛阅读后的沉思,使他世事洞明,沉重的历史感和深广的现实关怀赋予了他世纪交替前后和近年来的创作以远超过早期作品的厚重与深刻。这些作品中,《不向大地要求别的》《叙事或者象征》《五月的午后》《四月》等诗篇,依旧延续并发展着沉郁的诗风,是表现其忧愤情怀的很有分量的作品。《不向大地要求别的》写于 2003 年,“不向大地要求别的/我把头低下,把目光垂下 ……在阳光冷却后的市面/有不少的人走动/在橘色的黄昏时刻/一群鸟儿打着旋儿消失在高大楼群的背后//不管别的/不管那个用捆带背着婴儿的妇女/不管她伸过来的碗中有几枚硬币与纸币/也听不到那个在天桥下躺着的衣衫褴褛的/老人的呼吸 …… 不管别的,漆黑的夜晚/每个人最重要的事情是能够睡去//不管别的,也不向大地索取/我只抚摸着自己的思想/像一枝芦苇,把头低低地垂下/然后,逃一样地离去”。诗写得很冷:什么都不管,只要能够睡去;什么都不索取,只要能够逃避。可是,把头垂下,仓皇逃离,真的可以视而不见,充耳不闻?真的放下了,不管了,就没有诗,诗就是诗人心中那些放不下的东西凝结成的伤疤,是诗人对于逃离的忏悔。诗人本无可忏悔,不过如杨绛所说,“那是一个幸运者对于不幸者的愧怍”[4],是一个良知清醒的知识分子面对他人苦难时宛若身受的痛感。痛感本身就是诗,是对非理性、非诗性存在的一种对抗。诗人一再地说服自己“不管别的”,实则是对内心翻涌着的无奈和愤懑的压制。这种强作冷漠的自我克制,比愤怒的斥责和尖锐的讽刺更有力量。

忧愤源于现实,也扎根于沉重的历史。《断章》是诗人将现实与历史巧妙嫁接的一首长诗,透过佛的前世与今生,我们能清晰地感受到历史与现实的遥相照应。诗题虽为“断章”,但隐然有两条并行的细线,循着由古及今的轨迹,将看似散乱的珠玉连缀起来。由帝王而石像,由世俗权力的主宰者到尘世幸福的赐予者,虽经生死轮回,其实本质未变,仍然是大权在握,一切尽在掌中。由石像而佛,看过滚滚红尘中的众生相——双肩插着鸽子翅膀的豺狼,把头埋入沙滩的鸵鸟,掩耳盗铃的人群,高举画戟、形容严整的众生;经历内心的种种纠结和千百年的闭目内省,“大佛”终能离于外像,求证真心,实现由石刻之像到自在之佛的转变。帝王——石像——佛,睥睨众生——俯视众生——愧对众生——悲悯众生,唯我——超我——无我,这条隐线折射的是人自我救赎、自我超越、自我升华的精神成长历程。由山呼万岁、膜拜帝王到俯首跪地、膜拜佛像,众生的本质亦未变——迷信权力,高扬欲望,却唯独忽略了自我的精神存在。因此,人们造佛拜佛,不过是于佛有求、以佛自囚,心中、眼中根本无佛。佛的心中“石头终于落地”,使佛最终超越了前世今生,超越了“不朽”。但在众生眼中,他仍是高高在上的石像一座,于是,阴谋继续上演,钟磬之音不再,日月之下唯余“洁白的莲花睡在自己的梦里”。在喧闹而静谧的世界里,佛醒着,诗人醒着。佛的眼睛仿佛一座巨大的坟墓,埋葬着人类的昨天、今天和明天。诗人的眼睛仿佛一个巨大的窑洞,收容着古往今来各色人生,诗人将他们烈火焚烧、千锤百炼、凝聚成诗。

海德格尔说,“诗不只是此在的一种附带装饰,不只是一种短时的热情甚或一种激情和消遣。诗是历史的孕育基础”[5]。诗无处不在,诗就是生活,当下的和历史的。诗意就是自然与人存在的本质:天地有大美而不言,人诗意地栖居于大地。但是,生活的诗意常常被非诗意的东西遮蔽,而诗人的职责,便是用诗的语言剥去这些遮蔽物,引领我们用超越世俗的眼光打量生活,还原丰富、生动、鲜活的诗意。

因此,诗的语言,首先是充满诗意的生活语言,它不是凭借技巧编织出来的,而是从寻常的生活语言中挑拣出来、从诗意充沛的内心涌现出来的。“天然去雕饰”，其实就是无雕饰，乃至摒弃一切修饰。徐群很善于用这种仿佛天成的语言描述诗意的世界，他将人人能说、人人习闻的口语加以诗化，形成容雅入俗、鲜活灵动的语言风格。比如《三行诗》中，诗人用“街道在街道的屁股后奔跑/身影摞在身影上”这种完全口语化但极富画面感的语言，来描述城市的忙乱拥挤，表现城市生活对诗意的消解，让人耳目一新。比如《斯夜》(之一)，“夜睡了/诗人醒着//诗人睡了/诗醒着//诗睡了/语言醒着//语言睡了/文字醒着//文字睡了/一些事情醒着”。这些洗尽铅华的诗句，以类似顶针的方式串在一起，宛如彼伏此起的波浪，流淌古今，又如丝缕相连的剪纸，方寸之间浓缩文化万象，恰恰最适宜表现诗、语言、文字、历史、生活之间朴素而神秘的关系。比如《大平原》，诗人选取了沉沉落去的太阳、暮色中翩然飞翔的鸽群、一条河流和沿岸的无数村庄、海洋一样弥漫的野花这几个常见意象，创造出宏阔静穆而又生机勃勃的意境，令人神思邈远，生出无限想象。俯视大平原，一览无余，土地延伸，景象更迭，肤色各异的人们像各色野花散落于平原之上，日升日落，俯仰一生。遥望大平原，目光似乎能洞穿历史，看到人类逐水而居，汲水而炊，袅袅炊烟之中，人事代谢，往来便成古今。读这些诗，感觉诗人仿佛围棋圣手，他以语言为黑白棋子，巧妙布局，便于简单朴素中生出万千气象。

但诗的语言究竟不同于生活的语言。生活的语言常常是直白的、单一指向的，而诗的语言常常是含蓄的、多义的；诗歌外表的灿然光华和内里的幽深曲折，常常需要通过意象自身丰富的象征性、暗示性和诗人对意象的精心修饰与奇妙组合来实现。徐群显然特别了解什么样的语言适合什么样的情绪和画面，什么样的意象最有助于表达微妙的感觉，形成巧妙的象征。比如《春天，故事在小镇发生》，诗中所选取的均是现实中的意象，树叶、麻雀、长嘴蚊蝇、黧黑的街道、吃奶的孩子、哺乳的年轻妈妈……这些顺手拈来的意象构成了你我熟悉的小镇，但诗人赋予意象的特征，又给人以超现实的感觉：树叶呼啸着砸向地面，携妻提雏的麻雀在哭喊，长嘴蚊蝇在哭泣，转瞬变老的孩子哼着尘外的歌谣。各种被放大的声响仿佛无比喧嚣，细听来却是寂静无声，都沉入历史的幽深隧道之中。小镇仿佛一直活在春天，活在历史之中，无数春天在这里重合，无数相同的故事在这里发生，把日子堆叠得厚重而单薄。比如《今夜，月照如银》中，“今夜　月照如银”在每一诗节的开头重复出现，引领起四组处于不同时空的意象——从住在月光里的“我们一家”，到住在月光外面的“母亲和祖母”；从新娘以花布为饰的脸，到儿子那庄稼茁壮成长的村庄；从太平洋的粼粼波光，到北极熊的柔软毛发；从青藏高原布达拉宫的脊梁，到西双版纳热带雨林的阔叶：无论人生变迁、季节更迭，也无论阴阳阻隔、南北睽违，无处不在如银月照之下。这些意象看似随意实则别具匠心地组合在一起，使“今夜”超越现实中的“此夜”，具有了永恒的、超时空的意义。诗中种种或远或近、或虚或实的意象原本无关，但“今夜”使它们有了共生于明月之下的关系，与无处不在的月色一起共同营造出一种亦实亦虚、亦真亦幻、辽远宏阔、澄澈空灵的意境。

徐群的很多诗歌在意象的选用、修饰与组合上都很有特点，他喜欢用乡村意象来表达深厚的大地情怀，用城市意象来表达对现代文明的忧虑；喜欢把众多不同时空的意象巧妙组合在一起，以形成更开阔的意境和更丰厚的意蕴，比如《倾听》。《倾听》在结构上显然受到了戴望舒《烦忧》一诗的影响，但却能别开生面，意境与《烦忧》迥乎不同，语言不似《烦忧》那般欲言又止，所表达的情绪也不似《烦忧》那样明晰单一。诗人深夜倾听，万籁有声：花在准备开放，叶在策划凋零，他能听出花富足的表情，文竹缓慢生长的节奏；听到《关关雎鸠》《山海经》《赤壁赋》中孤舟嫠妇的叹息；听到一个追梦女孩许多年后的笑与哭。只有藏身于夜的深处，退隐于光影之后，人的听觉才会变得如此敏锐，能触摸到深夜中的寂静之声、生命的生息之声、文明在纸上的行走之声。诗人把各种感官的印象交织在一起，将花开叶落、梦中呓语、临窗夜读等寻常的生活情景写得如此微妙，那种深幽渺远的意境，让人顿生忘俗出尘之感。这首诗的语言很能代表徐群现在的风格——一种渐老渐熟后的平淡。淡极始知花更艳，这种"平淡"其实不是平淡，而是绚烂之极，仿佛一袭素裙，看似简简单单，实则选料考究，裁剪精心，是一种用心而似无心、雕琢而似无痕的境界。如果把他的诗按照时间顺序读下来，我们不难发现，从最早的诗作如《声辩》《中文系情结》《纵然》等，到最近的诗作如《幸福》《阅读》《纪念》等，徐群始终坚守着日常化、生活化但又绝对充分诗化的语言风格，不寻章摘句，不浓妆艳抹，不矫情取宠，不无病呻吟，不效仿这种那种流行体。他一直在走自己的路,写自己的诗。

在娱乐艺术广受追捧的当下,诗只能是小众的,甚至可能没有一个读者。但诗人以诗为自己的精神生命,以诗将自己从寻常的世俗世界提升到诗意的艺术世界。“赤身裸体,我来到这个世界/除了一支笔,我什么也没带”(《三行诗》)。诗就是诗人存在的外部标志,诗意就是诗人生命的本质属性,有感觉可以多写,没感觉可以不写,但只要手中不放弃笔,心中不缺少诗意,诗人就有了对抗非诗性存在、坚守艺术品格的力量。

参考书目

[1]《徐群诗选》,徐群著,河南文艺出版社,2012 年 12 月出版。本文所直接引用的诗句均出于该书。

[2]博尔赫斯:《谈诗论艺》,陈重仁译,上海译文出版社(2008 年出版,第 3 页).

[3]梁小斌:《翻皮球》第三章《诗是反驳》第八小节“诗是反驳”.

[4]杨绛:《老王》,《语文》八年级上册教材,人民教育出版社(2009 年 3 月第 1 版,第 75 页).

[5]海德格尔:《荷尔德林诗的阐释》,孙周兴译,商务印书馆(2000 年 12 月版,第 46 页).

寻梦若耶溪

王晓伟,1998 年参加工作,中学语文高级教师,文学学士,教育硕士。发表论文若干,出版《诗是行者的夜歌》(中国华侨出版社),《倾国倾城》(华中师范大学出版社)专著两部。本文选自《诗是行者的夜歌》(有改动)。

01

若耶溪首先和西施联系起来,这一点我先前并不知道。一条美丽的河水,总该有一个貌若天仙的丽人,这样的相互成全仿佛冥冥中早已注定。当我拨开历史的枝柯抬眼望去,西施正手挽竹篮从诸暨苎萝村边,轻步走来。

苎萝村盛产苎麻,从山上采下的苎麻要先打散纤维纺成麻纱,村里的女子每天要提着十余斤重的粗麻纱到若耶溪边洗干净,才能织成麻布制作衣服。她只是若耶溪西岸一名姓施的平凡女子。这里峰峦竞秀、百川争流，但是她没有工夫欣赏身边云水环绕、溪山如画的美景，只偶尔抬起手臂，拭去渗出鬓角的汗粒。春天，桃花盛开灼灼燃烧，她脸飞红云艳若桃花。当荷花在水面次第微笑，她就是掩映在田田荷叶间的一朵奇葩。秋天到来，她依旧在水边浣纱，清澈秋水倒映着她俊俏身影，鱼儿偶然看到，竟忘记了游水，渐渐地沉到河底……

现在，在诸暨城南苎萝山下，临江濒水有一巨大方石，高约2米许，上镌"浣纱"二字，据说为东晋大书法家王羲之所书，此处传为当年西施浣纱之处，这块石头就叫"浣纱石"。浣纱石北首高坎上有浣纱亭，内有碑碣记其事；沿亭东侧拾级而下，有一块小平地，右首高坎有沙孟海书写的"西施浣纱处"五个石刻大字。另据说，只要西施去浣纱，方石就会自动沉浮，水浅则沉，水涨则浮。这样，她浣起纱来舒服省力，恰到好处。站在方石上浣过的纱，洁白光亮，柔软舒展，听说还有异香呢。李白曾有诗云："西施越溪女，明艳光云海。未入吴王宫殿时，浣纱古石今犹在。"（《送祝八之江东，赋得浣纱石》）因此，若耶溪也被称为"浣纱溪"。后人引用这一典故，把"浣纱溪"作为某一词调的格式，成为一个词牌名，后来有人写作"浣溪纱"或"浣溪沙"。

相对于句式长短错落的其他词牌，"浣溪沙""玉楼春"等可算是异数。句式整齐，三或四句为一片，音节明快、疏朗有致，清丽婉转，再联想及这一词牌的悠远意境，真让人心驰神往，目醉魂迷。唐宋时，以此为词牌倚声的词家甚众，佳作亦数不胜数。如秦观的《浣溪沙》：

漠漠轻寒上小楼，晓阴无赖似穷秋。淡烟流水画屏幽。自在飞花轻似梦，无边丝雨细如愁。宝帘闲挂小银钩。

这首词以轻浅的色调、幽渺的意境，描绘一个女子在青烟似的春阴里所生发的淡淡哀愁和轻轻寂寞。全词意境娴静悠闲，含蓄有味，令人回味无穷，一咏三叹。尤其是下阕起首两句，飞花似梦、细雨如愁，这个秦学士怎么会想到如此绝妙的佳句呢？

只是乡间这么一个默无声息的浣纱女或者采莲女也好，虽然生活清贫，但对于一颗无所奢求的清静心灵来说，什么又是必须拥有的呢？但是，命运的转机只在旦夕之间。“朝为越溪女，暮作吴宫妃。”（王维《西施咏》）。范蠡的偶然到访，惊破曾经多少年来平静如初的若耶溪水。悉知范蠡来意，西施毅然奔赴国难，一个平凡的村姑从此成为吴王夫差最宠爱的美人。从此，夫差被西施迷得神魂颠倒，春秋宿姑苏台，冬夏宿馆娃宫，整天与西施或玩花赏月，或鸣琴赋诗，或泛舟采莲，或乘船出游，或骑马打猎……国家大事被丢在脑后。越王勾践卧薪尝胆，十年生聚十年教训，而后一举消灭吴国。此时西施何在呢？传说吴王自刎而死时，吴人把一腔怒火都发泄在西施身上，用锦缎将她层层裹住沉于扬子江心。也有人认为吴亡后西施回到故乡，在一次浣纱时不慎落水而死。但更多的说法是，吴亡后“西施复归范蠡，同泛五湖而去”（东汉袁康、吴平《越绝书》）。李白《西施》诗云：

西施越溪女，出自苎萝山。秀色掩今古，荷花羞玉颜。浣纱弄碧水，自与清波闲。皓齿信难开，沉吟碧云间。勾践徵绝艳，扬蛾入吴关。提携馆娃宫，杳渺讵可攀。一破夫差国，千秋竟不还。

不管怎样，西施的下落完全是个谜，只能够让我们无穷地问询与追想。几千年的历史已然翻过，有关西施的印记也只是一个浣纱的村姑、一个沉鱼的丽影、一个效颦的事典、一个惑主的红颜、一个不知所终的结局。甚至，连有无此人都需要打上一个问号。也许，只有若耶溪水才确切知道，是否曾经有一个天生丽质的女子常常款款而至，明眸善睐、顾盼生姿。

02

相传若耶溪有七十二支流，自平水而北，会三十六溪之水，流经龙舌，汇于禹陵，然后又分为两股，一支西折经稽山桥注入鉴湖，一脉继续北向出三江闸入海，全长百里。《水经注》谓："水至清，照众山倒影，窥之如画。"溪山胜景孕育了丽人，也自当产生英雄。"越王勾践破吴归，战士还家尽锦衣。宫女如花满春殿，只今惟有鹧鸪飞。"（李白《越中览古》）尽管越国最终难免覆灭，但卧薪尝胆、忍辱负重再次复国的勾践却绝对可以称之为英雄。英雄何以纵横天下？在铁血纵横的冷兵器时代，也许一柄利剑即可所向披靡、一剑封喉。勾践手中正有这样的利器，而为他打造宝剑的正是中国古代铸剑鼻祖，越国人欧冶子。我相信若耶溪并非只有美女浣纱的平静怡然，在群雄逐鹿的春秋战国时代，这一方溪山胜地更有鼓角争鸣、刀光剑影。

《吴越春秋》载：吴有干将，越有欧冶子。《水经·浙水注》云:"若耶溪,《吴越春秋》所谓欧冶铸以成五剑。"今若耶溪上游上灶、中灶、下灶三村,传即欧冶子铸剑之灶基。其南曰铸岭,宋吴处厚《青箱杂记》云:"昔欧冶子铸剑,他处不成,至此一日铸成,故名曰铸岭。"欧冶子铸造的一系列赫赫名剑,冠绝华夏。在春秋五霸、战国七雄的争霸战中,显示了摄人心魄的魅力与威力。

据《越绝外传》记载,越王勾践有五把宝剑,闻名天下。有一天,他把一位相剑大师薛烛(越国人,一说秦国人)召至,让他来品鉴一番。勾践先后让侍臣取出毫曹、巨阙,但薛烛根本不为所动,他认为毫曹光华散淡,巨阙质地不纯,并非宝剑。勾践命人拿出第三把宝剑,并缓缓地吐出两个字:纯钧。听闻"纯钧"二字,薛烛瞬间惊呆,他若有所思地杵在原地,好久才回过神来。然后,他走下台阶,整理好自己的衣装,接过宝剑落座细加端详。他拿起宝剑先用力一震,接着向空中猛然一挥,刹那间光华摇荡,就像初开的白莲花;剑柄上的雕饰发出灿烂的光芒,深邃流转,如同天上的星宿缓缓运行;剑的光晕宛若悠悠春水从水塘溢出,潋滟生辉;而剑刃就像耸峙千丈的危岩峭壁,崇高而巍峨;再看它的质地,润亮晶莹,好像刚刚开始消融的冰雪。

薛烛惊喜地问:"这就是传说中的纯钧吗?"勾践得意了:"有人拿两个富乡、千匹骏马、两座千户之城来换这件宝物,你认为如何呢?"薛烛急忙回道:"大王,万万不可。在铸造这把宝剑的时候,千年赤堇山一朝破裂而出锡,万载若耶溪水一旦干涸而出铜,雨师淋水,雷公拉风箱,蛟龙捧炉,天帝装炭。欧冶子聚合天地精华，悉其技巧，终于将湛卢、纯钧、胜邪、鱼肠、巨阙五把宝剑打造成功。而今，赤堇山闭合如初，若耶溪深不可测，众神归天，欧冶子也即将离开人世。即使有倾城黄金、遍地珠玉也不能够换得其中的任何一件，骏马与大城又算得了什么呢……”

曾经的吴越之地就是这样一个充满传说的神奇疆域，连绵的征战频频搅扰着老百姓的生活，即使做一个普通平凡的浣纱女子都不能够。也许，若耶溪水有多平静，它就会有多汹涌。在它的两岸，在它的周边，一定轻掩着太多绮丽交错的梦，只须轻轻地投桨入水，这些沉沉旧梦即会呼啸而至。越王勾践之剑的出土，只是其中的一句呓语，它证明了春秋时代越地对制剑的如火热情。我相信这种重见天日的青铜不但有千年不朽的锋芒、切金断玉的决绝，更有沉默不语的柔情。

可是，这样的长剑如何才能够握在手中，匹马驰骋？从来，倚剑云天是英雄的写照，也是太多文人的梦想。“宁为百夫长，胜作一书生。”（杨炯《从军行》）“倚剑对风尘，慨然思卫霍。”（高适《淇上酬薛三据兼寄郭少府微》）“愿将腰下剑，直为斩楼兰。”（李白《塞下曲》）李贺《南园其七》诗云：

长卿牢落悲空舍，曼倩诙谐取自容。

见买若耶溪水剑，明朝归去事猿公。

司马相如字长卿，这位大辞赋家才华横溢，早年因汉景帝“不好辞赋”，不得已客于梁孝王门下，“与诸生游士居数岁”，“会梁孝王卒，相如归，而家贫，无以自业”（并见《史记·司马相如列传》），只能在空舍里长自悲叹。曼倩是西汉辞赋家东方朔的字,他性格诙谐,言词敏捷,滑稽多智,常在武帝前谈笑取乐,“然时观察颜色,直言切谏”(《汉书·东方朔传》)。但武帝始终把他当俳优看待,并不重用。他只能够诙谐取容,怵惕终生。“猿公”,事出东汉赵晔《吴越春秋·勾践阴谋外传》。范蠡献计于勾践,让他接见国内一长于剑术的女子。女子北上见王,路上碰到一位老翁,自称袁公,希望与女子切磋一番。老翁手执竹竿拉开架势,当劲风催落的竹叶还未落地的时候,越女已然取胜。袁公飞身上树,化为白猿告别而去。女子见到越王后语以剑道,其言妙契精微,深得剑术之要,越王号之曰“越女”。

李贺意谓,既然历来斯文沦丧,还不如买一柄若耶溪底所出之铜铸就的利剑,寻访像“猿公”那样剑术高妙的隐者,或许还能有一番作为。纵观诗人墨客所为投笔从戎之句,表面的雄心万丈其实不过是理想难得实现的怅惘难言。如果长剑一挥即可决胜千里、扬名立万,那么心中的愁肠一缕怎么就难以一刀两断呢?长剑陆离,不过是文人难以割舍的英雄情结。

03

发现一处足以发抒思古幽情的所在,总是一件让人暗生欣悦的事情。“蝉噪林逾静,鸟鸣山更幽。”这一联诗像是扁舟一叶,偶然把我送至若耶溪的水面。它出自南朝诗人王籍的《入若耶溪》:

艅艎何泛泛,空水共悠悠。阴霞生远岫,阳景逐回流。
蝉噪林逾静,鸟鸣山更幽。此地动归念,长年悲倦游。

王籍，字文海，生卒年不详。南齐时，官至冠军记室。入梁为官，皆因疏放而免。久之，任湘东王萧绎（即梁元帝）谘议参军，随绎于会稽，这首诗即作于此间。当刀光剑影黯淡，若耶溪也就恢复了原本的平静，葳蕤的草木聚拢着这一方悠悠碧水，引人入胜。在此之前，很少发现吟咏若耶溪的诗作，我觉得王籍就像是一个若耶溪通联外界的使者，引领了后来历朝历代的文人墨客到这里寻芳览胜。

不妨跟随王籍一览。溪水空阔，微波荡漾，王籍立于一叶扁舟之上，四顾怡然，颔首微笑。远处的层峦叠嶂间云霞缭绕，变幻无穷，令人心驰神往；水面上，阳光追逐着随山势而委曲的溪流，闪烁出粼粼的波光。偶然响起蝉声与鸟鸣，仿佛在回应荡漾在山水之间的光影。桨声欸乃，生怕惊扰了这一汪静默……王籍又终于回过神来，想到自己：仕途蹭蹬，内心并不得意，常年的漂泊不过是为了稻粱之谋，滚滚红尘早已玷污了素衣。而现在，置身于无边无际的山水美景之中，是再也不愿回到污浊的人世间，再也不想……

王籍诗歌学习谢灵运，《南史·王籍传》称："世人咸谓康乐（谢灵运）之有王籍，如仲尼（孔子）之有丘明，老聃之有庄周。"也因为《入若耶溪》一诗，王籍得以享誉诗史。"蝉噪林逾静，鸟鸣山更幽"一联尤为人们所称道，颇得谢诗神韵，"当时以为文外独绝"（《梁书》本传），以至"简文吟咏不能忘之；孝元讽味，以为不可复得"（《颜氏家训》）。这一联好在哪里，现在已经很了然，以蝉的鼓噪和鸟的鸣叫来反衬山林的幽静，所谓"以动写静"。如果正面写山林的静寂容易落入呆板与恐怖,聪明的诗人将山林之深幽置于蝉、鸟的喧动之中,就使得安静兼有生机,这是一种更可亲近的境界。诚如钱钟书先生在《管锥编》中所指出的:“寂静之幽深者,每以声音衬托而愈觉其深。”

这一联佳句常被误认为王维所作,实在情有可原,因为这种“以动写静”的手法到了诗歌的盛世唐代已经被诗人发挥到淋漓尽致的地步。王维更是个中翘楚。如“月出惊山鸟,时鸣春涧中”(《鸟鸣涧》),“空山不见人,但闻人语响”(《鹿柴》),“竹喧归浣女,莲动下渔舟”(《山居秋暝》)等。其他如杜甫“春山无伴独相求,伐木丁丁山更幽”(《题张氏隐居二首之一》),常建“万籁此俱寂,但余钟磬音”(《题破山寺后禅院》)等。真正是青出于蓝而皆靛了。

到了北宋的王安石,因为一首《钟山即事》而引发轩然大波:

涧水无声绕竹流,竹西花草弄春柔。

茅檐相对坐终日,一鸟不鸣山更幽。

其“一鸟不鸣山更幽”句一反王籍句意,实在是“拗相公”本色。他的《老树》七古曾有“古诗鸟鸣山更幽,我念不若鸣声收”之句,至此不复他虑,完全写入诗中。此诗一出,恶评如潮。黄庭坚毫不留情地嘲讽道:“此乃点金成铁手也。”南宋曾季狸在《艇斋诗话》中说王安石此句“却觉无味,盖鸟鸣即山不幽,鸟不鸣即山自幽矣!何必言更幽乎?此所以不如南朝之诗为工也”。明代诗歌评论家王世贞在其《艺苑卮言》中写道:“‘鸟鸣山更幽’,本是反不鸣山幽之意,王介甫何缘复取其本意而反之？且‘一鸟不鸣山更幽’，有何趣味？宋人可笑，大概如此。”清代顾嗣立更斥为“直是死句”（《寒厅诗话》）。

其实，以王荆公之智，未必不能赏其妙，相反，他是颇赏识王籍原句的。沈括《梦溪笔谈》（卷十四）记载：“古人诗有‘风定花犹落’之句，以谓无人能对。王荆公以对‘鸟鸣山更幽’。‘鸟鸣山更幽’本宋王籍诗，元对‘蝉噪林逾静，鸟鸣山更幽’，上下句只是一意；‘风定花犹落，鸟鸣山更幽’则上句乃静中有动，下句动中有静。荆公始为集句诗，多者至百韵，皆集合前人之句，语意对偶，往往亲切，过于本诗。后人稍稍有效而为者。”“风定花犹落”乃南朝谢贞（东晋名士谢安九世孙）八岁所作《春日闲居》仅存之佳句，王安石以王籍诗对之，虽为人所称道，但我认为属对还称不上工稳，前后句的意境也不尽统一，但可以知道荆公是明白其中之妙。而且，王安石一生热衷文字之学，其“一鸟不鸣山更幽”似有游戏文字之意。同时，解诗历来讲求知人论世，王安石《钟山即事》作于他罢相闲居江宁（今南京）钟山时，虽则退出了政治舞台，但他的内心并不可能平静下来，往昔之成败利钝荣辱得失时时萦绕于怀，“一鸟不鸣山更幽”不过是对其岑寂状态的病态写照以及对喧闹热烈的委婉诉求而已。

古希腊先哲赫拉克利特有言：“不同的音调才能造成最美的和谐。”是啊，动与静的结合造就了王籍逾千载而不朽的绝唱，也造就了若耶溪梦一般的佳山秀水，而飘荡在风中的诗歌与沉溺于梦中的山水，更是美到极致的和谐与愉悦。

04

什么样的人生才十足快意呢？古人有古人的失意，今人有今人的烦恼。此事古难全。盖因人之欲望如无底深渊，永无重见天日光风霁月之时。如果可以，我真的愿意像李白一样，仗剑去国诗酒飘零，遍访名山秀水，天马行空无拘无碍。但李白的匆匆脚步每欲指向长安，沿途的山水可以让他挥洒出不绝如缕的诗篇，却难以洗尽他胸中郁积如山的块垒。在反观他人时，我总认为上天有时是公平的，如果李白作了官人，他也许还可以是个诗人，但绝对成不了诗仙。因此，当李白吐出一口幽幽不平之气时，他应该感到满足与骄傲，因为，他绣口吐出的还有晕染了半个盛唐的诗歌天堂；在他足迹所到之处，飘满了那些天才的迩思与遐想。且听李白《采莲曲》：

若耶溪旁采莲女，笑隔荷花共人语。
日照新妆水底明，风飘香袂空中举。
岸上谁家游冶郎，三三五五映垂杨。
紫骝嘶入落花去，见此踟蹰空断肠。

“遥闻会稽美，且度耶溪水。”（李白《送王屋山人魏万还王屋》）我不知道还有什么地方不曾留下李白的足迹，看过还不够，还要反复地题咏，这种山水与诗歌的双向契合，使得单纯的风光一变而具葱郁的人文气息。这首《采莲曲》应该是李白漫游途中目睹的一幕浪漫景象。若耶溪内，荷叶田田、碧水浅浅，采莲的女子驾着扁舟在荷花间来往穿梭、笑语欢声。

她们明艳的装束偶尔会投进某一处水域，惊鸿一瞥、稍纵即逝；她们举起手臂轻攘衣袖，皓腕如雪、暗香浮动。我从来都认为这是最诗意的劳作、最美丽的画面。这幅不染俗世风尘的画面，却因为岸边几个游冶浪子的举动而有了异样的色彩。垂杨林内，他们打马经过，突然发现丽水佳人，不由得勒马稍驻、踟蹰盘旋。紫骝不明主人心意，舒首嘶鸣，惊散落红乱下、缤纷如雨。

仿佛一方世外桃源，孟浩然也曾经偶然闯入。开元十八年(730)冬，孟浩然在长安求仕无成，沮丧地离开了长安，而后在江浙一带漫游。若耶溪的美景使他沉醉，也使他写下了情思蕴藉的《耶溪泛舟》：

落景余清辉，轻桡弄溪渚。澄明爱水物，临泛何容与！

白首垂钓翁，新妆浣纱女。相看似相识，脉脉不得语。

扁舟游弋、明溪生动，好像永远都是这幅定格的画面。但是，浣纱的女子早已不再是西施，而是临近村落的某一位村姑；游鱼在水中追逐嬉戏，好像并没有发现岸边垂纶颔首的白发老翁。若耶溪宁谧恬静依然，村姑与老者也似曾相识，有心上前问讯，又怕人家怪罪自己唐突，不如保持缄默，在夕阳垂地的光阴里，一起步入更空蒙的黄昏……

“一川草长绿，四时那得辨。”(丘为《泛若耶溪》)“起坐鱼鸟间，动摇山水影。”(崔颢《入若耶溪》)“生事且弥漫，愿为持竿叟。”(綦毋潜《春泛若耶溪》)“九月霜风吹客衣，溪头红叶傍人飞。”(陆游《若耶溪上》)。有太多的人来到若耶溪，唐代的元稹、刘长卿，宋代的王安石、苏东坡，明代的王守仁、徐渭等,都曾经荡舟溪上,浅吟低唱。世界上最脆弱的地方深匿于人之内心,尘世的纷纷扰扰又时时刻刻地把它煎熬。但是无论结果如何,任何事情都会找到出口。对于饱受摧残的心灵来说,也许山水是最好的疗药。但山水是止疼片,不是手术刀,因此,在广袤的锦山秀水之间,往往跋涉着一颗颗千疮百孔的灵魂。旖旎的山水让人乐而忘忧,隐逸其中做一个寒江独钓的渔夫便成为生生不息的命题。

据南朝宋孔灵符《会稽记》载,汉代的郑弘少时贫贱,以采薪为业。他曾经在山中捡得一支被遗落的箭,羽毛与箭头都异乎寻常,心中甚觉奇怪。很快,有人来找箭,郑弘就还给了人家。这个人问郑弘有什么要求或愿望,郑弘意识到遇见神人了,就回答说:自己苦于载薪渡若耶溪比较困难,希望若耶溪早晨吹南风,傍晚吹北风。后来果然。“郑公风”“樵风”即由此而来,据说若耶溪风至今犹然。这真是一个美妙动人的故事。如果可能,我真愿意以风为马飞临若耶溪,悄无声息地降落于一叶扁舟逆流而上,去寻访更绮丽的情、更遥远的梦。

《恐惧与战栗》，一部难以归类、影响深远的神作

赵 翔

赵翔，中山大学哲学硕士，郑州市第一中学政治教师。有译著二部：《古希腊早期诉歌诗人》（2017 年 8 月由华夏出版社出版，属于华夏出版社“西方传统·经典与解释”书系，介绍与我国《诗经》并列的古希腊古典诗歌），《恐惧与战栗——静默者约翰尼斯的辩证抒情诗》[2013 年由华夏出版社出版，2017 年再版（精装版），属于华夏出版社“西方传统·经典与解释”书系。本书是丹麦哲学家基尔克果（克尔凯郭尔）的代表作，在思想史上影响巨大]。另有经典哲学译文若干。

赵翔老师同时在学校开设校本课程《醒客经典树——经典丛林的思想探险》，并由其编写配套教材四套。该课程获得郑州市校本教研成果奖一等奖。

本文系作者为《恐惧与战栗——静默者约翰尼斯的辩证抒情诗》撰写的介绍文章。

题记:怎样信仰,就怎样生活。——基尔克果

翻开达·芬奇那些凌乱的笔记,你会看到奇葩的生理实验、复杂的建筑草图、新潮的交通工具设计乃至深沉的哲学猜想……这时,你才意识到这个画出《蒙娜丽莎》的人的最完整形象——没错,他就是一个标标准准的“文艺复兴人”(指有多个方面的潜能与爱好的人)。

介绍基尔克果(一般译为克尔凯郭尔。这个丹麦大咖的名字由“基督教堂”和“园地、果园”两个词组成。因此,基尔克果的译法兼具音译与意译之妙,不过如果你愿意,还是叫他克尔凯郭尔好了)的《恐惧与战栗》,为何会想起这个无论年代还是气质都与他对不上的人?

这个生于19世纪初的哲人有一句很有名的话:“志于一事”。他可不是说说就算了,为了专注于自己将要选择的人类思想之伟业,他甚至放弃了与心爱的姑娘蕾吉娜的婚约……也许你会问:“这矛盾吗?为何‘非此即彼’呢?”恭喜你!你的想法和“某个基尔克果”不谋而合,而且,你竟然在不经意间道出了隐藏这个中秘密的那本书。在基尔克果早期著作《非此即彼》(又翻译为《或此或彼》)里,他讲过一个研究东方文字的老学究,此人连续几天执着地思索着一个古怪的文字符号而不得其解……终于,他的妻子来到他面前,在劝丈夫早点休息的同时,轻轻为他拭去那页书上的尘埃,于是那个古怪的符号瞬间清晰起来。

看来基尔克果也认为,婚姻是有益的喽!且慢,下结论之

前,我得先提醒一句:您说的是哪个"基尔克果"?要知道,基尔克果大部分作品都以假名出版,其假名作者各不相同甚至相互辩论——更有甚者,在一本书中有不同的写作者(如《或此或彼》),有的书连编者都是假的。

现在,你是不是想起了《24个比利》?是不是认为他是个深度精神分裂症?我以基尔克果资深粉丝和翻译者的名义向你保证,并不。与精神分裂者不同,基尔克果所有的作品都有着统一的设计、完整的思路和理论上的相互补充。他之所以费尽心思地设置各种假名,与自己的作品"拉开距离",首先是因为:他愿意与读者真诚地对话,而一个确定的名字、一个作家的身份会让他的书中少一些真诚的思想和交流,多一些隐藏和保留——思想家的观点在其一生中是在不断地调整中臻于极致的,他不希望去维护自己的观点,因为他只愿意维护真理。其次拉开距离更是为了让读者在阅读其作品时不要过多地想到作者,而是要结合自己的体验、自己的人生来理解,甚至来否定作者的思想。所谓真理,难道是冷冰冰的吗?不能改变你的生活,不能让你的人生更有意义更有激情的真理,你愿意接受吗?

所以,对于婚姻与人类的思想事业是否矛盾,基尔克果还真没告诉你答案,或者说,他认为:这事儿压根就没有"标准答案"!你必须自己全情地投入生活,寻找你的答案。否则,你会不知不觉地遗忘自我,甚至把一些外在的特征当成自我的标志。就像基尔克果笔下那个遗忘了自己双腿的农民,他从来买不起鞋袜,因为挣到了一笔钱到城里买了鞋袜,并且喝得烂醉倒在路上,一辆马车路过,车夫让他让开,农夫看看自己穿着鞋袜的腿,说:“轧过去吧,那不是我的腿。”

到这里,我可以告诉你基尔克果去世的日子了(顺便提及,他和马克思是同一天生日,虽然不同年):1855 年 11 月 11 日。这个日子是有意选择的吗?基尔克果甚至让人在自己的墓碑上只刻一行字:那个个体。对个体生存之体验与价值的深挖是存在主义的特点。一般来说,他被人认为是存在主义哲学的先驱。存在主义这个词的含义三天三夜也讲不完,归在这个名号下面的哲学家都影响巨大,各自有不同的思想体系和一众学徒:尼采、雅斯贝尔斯、海德格尔、萨特、加缪、波伏娃……这其中除了尼采与他同时代,其他人都有着基尔克果的烙印。雅斯贝尔斯甚至不无夸张地说:“没有基尔克果,就没有现代哲学。”当然,他的影响肯定触及文学领域,卡夫卡、陀思妥耶夫斯基、贝克特、略萨、安部公房、厄普代克,并横跨欧亚大陆影响了我国的作家鲁迅、诗人冯至、现代小说家残雪等人……若不是怕浪费你的时间,这个名单还能继续开列下去。

《恐惧与战栗》这本书所涉及的核心故事,是圣经中亚伯拉罕献子之事。所以,你应该也能猜到,基尔克果对西方基督教的走向产生了决定性的影响。在他之后,神学家和哲人们开始关注神恩与个体、无限与有限的“我”之前那玄奥难解的关系,那充满悖论的处境。就如基尔克果自己所言,人,是天使与魔鬼、无限与有限之间的中项——作为精通数学的高中生,你应该知道这句话的内涵。

所以,“仅靠这本书就能获得不朽之名”的《恐惧与战栗》,究竟该属于哲学著作,还是神学著作,还是文学作品?书店店员要犯难了。其实,还有人将这本书归类为美学类、伦理学类、学术类、经典解释类等等。而我的看法是,你可以将它当成一本“亚伯拉罕献子故事集”或“缄默者众生相”(详见本书译者前言)——它确实难以归类。

现在我明白了,当我提到达·芬奇,提到“文艺复兴人”的时候,我心里想的是:基尔克果所说的“志于一事”,是专注于自己内心的信仰,在其引导下,去探索种种未知,去航行到知识之海的最远方,去领略别样的万种风光——这与文艺复兴人的广博爱好毫不矛盾。

题记中所引用的话,也许是基尔克果哲学最简要的表述。我在一中从教第一年时,一个学生送给我一张手工卡片,卡片上,由音符和智慧果组成的树木背后,就写着这句话:

怎样信仰,就怎样生活。

聚焦教科研

促进均衡发展的跨时空教育教学共同体构建实践研究

韩　松　吴建财　陈　琳　刘　哲　王保华　袁全超

本成果获得河南省第三届基础教育教学成果奖一等奖并参展第四届中国教育创新成果公益博览会。

一、提出问题

(一)如何缓解贫困及教育落后地区优质教育资源缺失问题,促进教育均衡发展

党的十九大报告明确提出,“发展素质教育,推进教育公平”,“努力让每个孩子都能享有公平而有质量的教育”。均衡发展是我国基础教育的重大战略问题,也是基础教育发展的长期追求。众所周知,由于各种经济及社会原因,我国教育资源,尤其是优质教育资源配置失衡情况严重。贫困落后地区想要提升教育质量,并非易事。基础设施落后,师资力量薄弱,办学能力有限,这三者往往又互相牵制,恶性循环,使得基

础薄弱学校发展举步维艰。如何扭转这一局面，是推进教育公平进程中必须解决的问题。从另一个角度看，扶贫先扶智，如果贫困地区能尽早摘掉教育洼地的帽子，就可以为脱贫工作做出直接贡献。

作为河南省首批示范性高中，郑州一中如何进一步发挥老牌名校的示范引领作用、让本校的优质教育资源惠及更多教育人口？如何在促进均衡发展，推进教育公平的过程中贡献自己的力量？这不仅事关学校的发展大计，也是郑州一中作为名校应尽的责任和义务。

（二）如何借助现代传播技术，建设跨时空的优质教育资源共享体系，全面提升教育教学质量，推进教育公平

进入新世纪，信息技术迅猛发展，基于互联网技术的网校、网络课程应运而生。但是早期网校建设，普遍采用“总校—分校”模式，大部分是通过广播电视系统传播，单向输出，只完成简单的课堂复制、课程搬家。总校与网校之间完全没有互动沟通，更谈不上评价反馈。广播电视技术对课堂呈现局限性大，学生学习体验较差。网络在线课程对学习场地、学习设备要求高，内容选择余地小，对高中学生，尤其是贫困地区的学生而言，适应性很差。

在 2005 年前后，我国卫星直播技术迅猛发展，大规模、高质量、低成本的现场直播技术开始普及，同时互联网硬件、软件技术也进入高速发展期。远程教育，完全可以基于卫星直播技术，建立全新的模式，追求全新的效果。

郑州一中将优质教育与卫星直播技术相结合，于 2006 年

开始了建立跨时空教育教学体系的探索、实践之路。

二、解决问题的过程与方法

（一）利用卫星直播技术优势，建立易操作、普适性、现代化的教育资源共享系统

直播卫星是利用地球静止同步轨道卫星，实现广播电视、多媒体数据通信直接向小团体及家庭单元传送的一种卫星传输模式。同传统广播电视传输手段相比，卫星直播具有覆盖范围广、抗自然灾害能力强、传输能力强且具备双向数据传输、实现图像声音高质量还原、接收简便、成本较为低廉、用户管理方便等优点，再加上与计算机的结合，使其应用得到极大扩展，逐渐发展成一个综合性信息网络平台。因此，卫星直播技术能够最大化满足跨时空教育体系的建设需要。

在反复调研、精心策划、小规模实验的基础上，郑州一中于2006年8月成立了全国第一所专业从事传播高中阶段优质教学资源的远程教育学校——“郑州一中远程教育学校”。

远程教育学校特别重视卫星直播体系的架构，以共享资源、共同发展为宗旨，努力克服传统模式的弊病，克服技术和管理的困难，最终形成“互联互动、全面提升”的新型卫星直播教学模式。

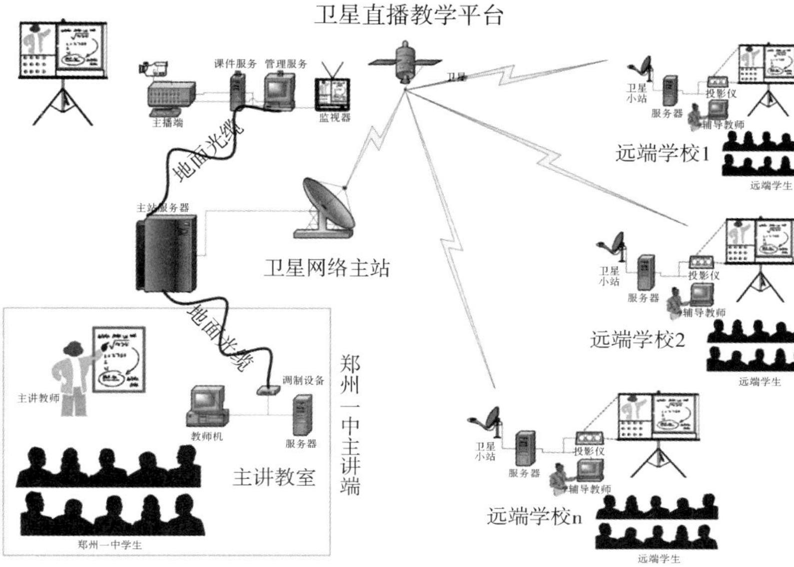

卫星直播教学工作机制示意图

（二）建立系列运行及保障机制，建设确保实现均衡发展的教育教学共同体

为破解传统网校“总校—分校”的单向输出模式，郑州一中远程教育学校建立了既能够直播课堂，又能够在线下交流反馈；既能够输出教学资源，也能够输入教学资源的远程教育系统。

学校选择正常的教学班作为主讲班，按照郑州一中的课程设置为主讲班配备教师，通过卫星传输系统把主讲班每天的上课实况直播到各远端合作学校的卫星教学班。在各卫星班，正常配备各科教师作为辅导老师，建立教师在线教研机制，实现“名师授课＋精细化辅导”教学机制。

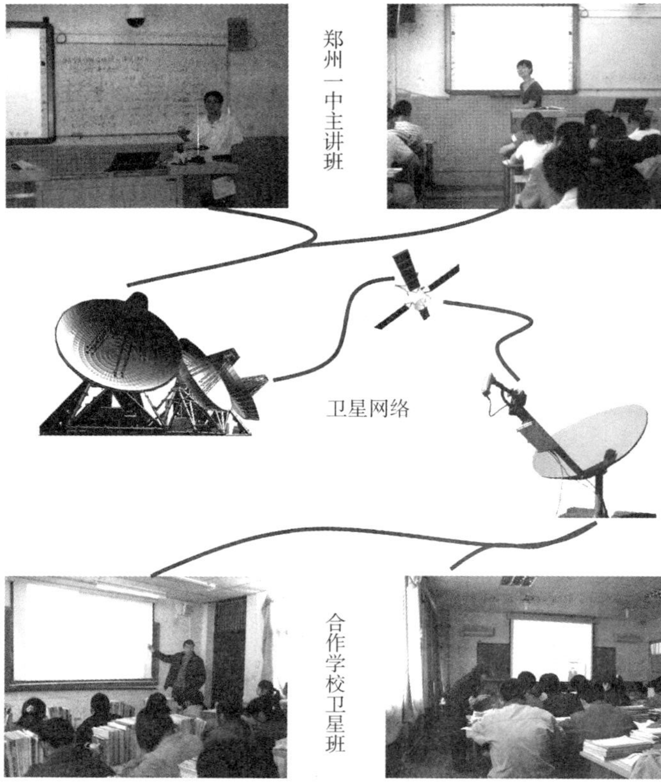

郑州一中远程教育“名师授课+精细化辅导”教学实况

同时，各合作学校也可以将自己的优质资源传输到卫星直播系统，开放使用，实现课程共享、课堂教学共享。

远程教育学校通过以下方式实现了对新型教育教学共同体的构建：

1. 建立紧密合作的教研共同体

郑州一中教师与合作学校辅导教师每周固定时间在线集体备课，确保教学统一、辅导同步。郑州一中定期召开专题研讨会、学术交流会，郑州一中名师定期送课下乡、现场教学，合作学校定期举行教师互访，全面共享教研成果。

2. 建立“名师授课 + 精细化辅导”的教学共同体

郑州一中主讲教师制订教学计划、授课、布置课后任务，远端教师组织上课、辅导答疑、反馈信息，并与主讲教师在线研讨，解决问题，形成“名师授课 + 精细化辅导”的教学模式。同时，基于网络平台共同体，统一考试、统一评价、统一反馈，全面共享教学评价成果。

3. 建立互联互动的教改共同体

共同体各学校互联互动，协同开展课程、教学改革工作，共同实践、共享成果，努力通过改革提升教学质量，推进素质教育。

（三）具体的探索实践及发展过程

“郑州一中远程教育学校”的实验及发展历程，大致可分为三个阶段。

1. 2006 年 8 月—2009 年 7 月，完善卫星直播教学体系，筹建教育教学共同体

运行初期，远程教育学校以输出课堂实况为主，从刚开始 960 节/年，逐渐增加到 3200 节/年，培训教师共计 585 人/年，参与学生 4000 人左右。在该阶段，学校通过增加课堂实况输出量，逐渐完善了卫星直播教学体系，并在反复论证的基础上，开始全面建设教育教学共同体。

2. 2009 年 8 月—2012 年 7 月，共同体构建完成，快速发展

2009 年 9 月，共同体合作学校增加到 14 所，参与班级共计 68 个；2012 年 6 月，共同体合作学校达到 30 所，参与班级

共计 126 个，共同体教育教学体系被广泛接纳，办学机制日趋完善。

3. 2012 年 8 月至今，精细化教学管理与服务，开创工作新机制

随着更多的县城及乡镇高中加入，共同体进一步壮大，学校在注重精细化教学管理与服务的基础上，反思总结，积极开创工作新机制。先后制订了系列工作条例，并通过教学资源建设与使用指南等文件，不断规范教学行为，精细化网络平台管理，确保共同体高效运行。

三、成果的主要内容

（一）基于卫星直播技术，确立“输出—输入”多向互动模式的跨时空教育教学共同体构建范式

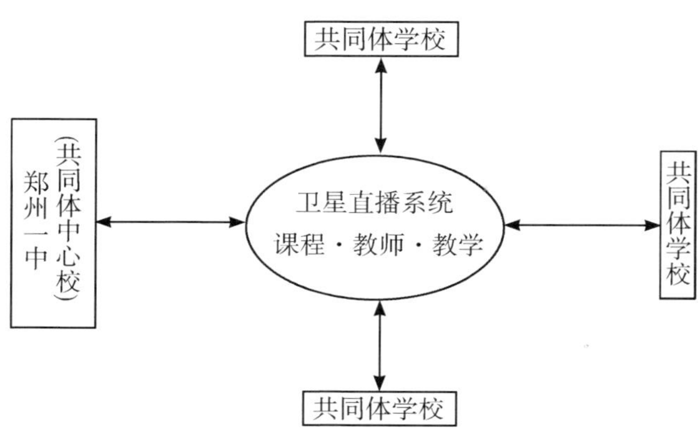

教育教学共同体工作模式

郑州一中远程教育学校成立之初，就避免了传统网校资源局限、关系松散、效率低下的弊病，通过系列实践探索，最终建立了卫星直播模式下的新型教育共同体建设模式。

该模式基于卫星直播系统,构建了学校之间双向互动平台。共同体学校既可以是教育教学资源的输入方,也可以是输出方;共同体学校不仅能够和中心校进行"输入—输出"双向互动,校际之间也可双向互动。这样,课程资源不仅做到了由点到面的输出,而且能够点点结合、定制内容、定点推送、定点接收,彻底打破了传统网校的单纯输出课堂的局面。

该模式在以下方面优势巨大:

1. 课程体系建设实现共建共享

共同体内各学校既是郑州一中课程的输出对象,同时也是一中课程开发的资源和对象,共同体课程体系具备了开放性、丰富性、层次性、体系化等特点。

2. 教师队伍建设实现专家名师引领、互相促进、共同提升

郑州一中主讲教师因为承担直播课任务,对自身要求进一步严格;优质的一中教学实况让远端的辅导教师水平进一步提升;在线备课、线下教研、送课下乡、专题交流会等系列制度和活动,使共同体内教师紧密团结,相互学习,取长补短,实现专业发展同步提升。

3. 共同体学校教育教学资源实现均衡化、公平化

共同体通过卫星直播实施统一教研、统一教学、统一测评、统一反馈制度,很大程度上解决了教育资源失衡的问题。统一教学,让共同体内各学校实现优质教育资源的共享。统一测评,让基础薄弱学校的师生看到差距,明确方向,进一步提升;也使一中师生进一步了解农村学生的艰辛和努力,促使自己更加珍爱生活、关心他人。

（二）形成“教研—教学—评价”一体化工作机制，为跨时空教育教学共同体高效运行提供了有力保障

郑州一中在长期的共同体建设实践中，逐步建立一套行之有效的工作机制，该机制的核心是坚持“教研—教学—评价”一体化。

1. 教研一体化

郑州一中主讲教师以周为单位制订教学计划，并根据教学计划于每周固定时间和远端辅导教师在线教研，对教学内容、方法及课时安排、教学重难点进行分析。同时布置好需要辅导老师配合完成的教学工作，并就辅导老师提出的问题组织研讨。

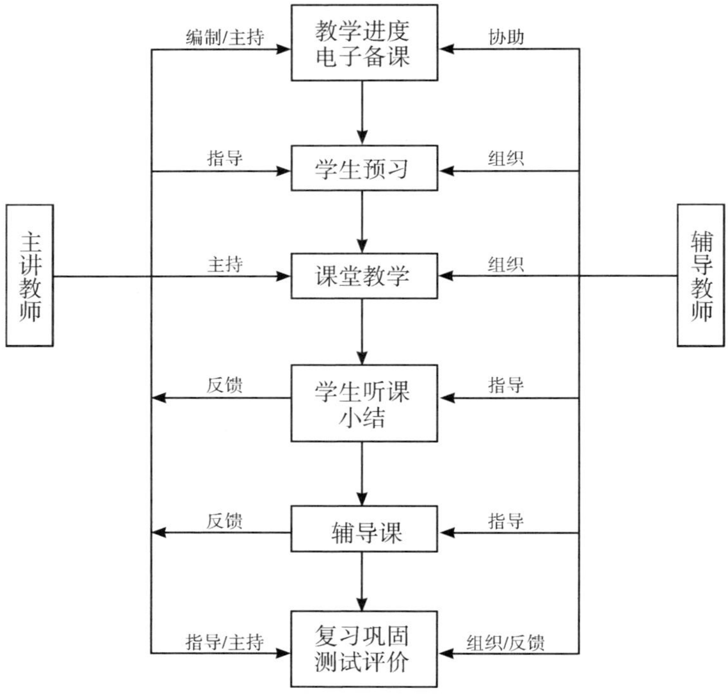

“教研—教学—评价”一体化工作机制示意图

除了每周固定的在线教研外,郑州一中每年还会举行大量的教学研讨会、复习备考会、教育论坛、学术报告会等多种形式的教研活动,能够保证共同体教师全方位统一教研,共同提升。

2. 教学一体化

日常教学做到教材同步、备课同步、预习指导同步、教学同步、课后辅导同步。除此以外,郑州一中还要求教师定期送课下乡,现场授课,与师生互动。随着工作的深入开展,送课的教师也从主讲班扩大到不同学科的名师、专家。所送课程也由高考科目扩大到心理、通用技术以及郑州一中的校本课程等,实现了送课课程的丰富多样。

3. 评价一体化

教学考核与评价方面,共同体统一试题,统一组织考试,统一标准阅卷,统一评价反馈,共享评价结果,从根本上改变了传统网校与本校之间关系疏离的局面,实现了教育教学共同体全方位的协同发展。

(三)组建"在线公开课"平台,打造开放、互动、自由、丰富的众创优质教育教学资源平台

经过十几年的积累探索,郑州一中在原有的卫星直播的基础上,组建"在线公开课"平台,共同体内的学校、教师都可以在此平台分享自己的优质课堂和课程等教学资源,实现让更多的优秀教师发挥更大的价值,把更多的优秀的教育资源共享给更多的学生的最终目标。

"在线公开课"平台的推广应用,为均衡教育资源、共享

优质教育提供了新途径,并打造了一个在共同体内人人能参与、人人有收获、人人能创造、人人能提升的众创资源共享平台。

四、效果与反思

(一)实践效果

1. 惠及大量基础薄弱学校,整体提升共同体办学水平,实现教育高位均衡

2006年至今,共同体每年合作开办的班级数量、在线听课师生人数持续增加,截至2017年年底,郑州一中教育教学共同体远端在线学校40余所,覆盖河南省全境及省外部分地区。教学共同体学校多处于教育基础薄弱地区。

远程教育学校自2006年开办以来,累计在线班级1 835个,累计接受教育人数119 275人,累计参与教师11 010人,累计毕业生人数41 600人。这些学生中,90%来自偏僻的县城和农村高中。他们通过与郑州一中构建教育教学共同体,打破了时空限制,打破了资源限制,和郑州一中的师生一道,共同构筑了一所无疆界的卫星学校。他们在这里共享优质教育资源,共同发展自我,实现人生价值……

郑州一中远程教育学校合作情况统计表

时间	合作学校/所	高一班级/个	高二班级/个	高三班级/个	合计班级/个	在线学生/人	在线教师/人	毕业生/人
2006—2007	4	5			5	325	30	0
2007—2008	8	12	6	7	25	1625	150	455
2008—2009	10	20	17	12	49	3185	294	780

（续表）

时间	合作学校/所	高一班级/个	高二班级/个	高三班级/个	合计班级/个	在线学生/人	在线教师/人	毕业生/人
2009—2010	14	24	21	23	68	4420	408	1495
2010—2011	20	31	31	35	97	6305	582	2275
2011—2012	30	46	32	48	126	8190	756	3120
2012—2013	30	71	47	63	181	11765	1086	4095
2013—2014	39	89	76	93	258	16770	1548	6045
2014—2015	39	84	79	99	262	17030	1572	6435
2015—2016	40	75	80	85	240	15600	1440	5525
2016—2017	40	94	67	90	251	16315	1506	5850
2017—2018	37	100	88	85	273	17745	1638	5525
合计	311	651	544	640	1835	119275	11010	41600

在郑州一中教育教学共同体的影响下，教育基础薄弱地区的学生不断提高学习成绩和综合素质，教师不断提高教育教学能力，学校不断提升自身办学品质，教育高位均衡逐步得到显现。

2. 助力精准扶贫，促进教育公平

郑州一中教育教学共同体发挥技术和资源优势，实现了定点推送、实时在线辅导，在精准扶贫工作中发挥了巨大优势，取得良好效果。

扶沟县直高中2006年高一新生许文强同学来自贫困家庭，家里还有一个上九年级的弟弟，家庭负担重，学习基础较差。得知这一消息后，远程教育学校决定采取点对点方式对其进行帮扶，一中主讲教师定期对其在线辅导，并结合学校辅导教师，为其制订学习方案。2007年，卫星班又将其弟弟许文贺录取进来,并继续进行定点帮扶。经过三年的帮扶,许文强在2009年高考时考进全县前150名,升入理想的大学;许文贺则在2010年高考时以班级第二名的成绩考入一本院校。在郑州一中远程教育的帮扶下,农村贫困家庭的两个孩子都考上一本院校,这在当地引起强烈的反响。

2017年11月7日,国务院扶贫办开发指导司司长海波一行专程前往郑州一中,专题调研教育扶贫工作,对郑州一中远程教育学校在精准扶贫、促进教育公平方面作出的贡献给予了充分肯定。

3. 改善学生学习品质,提升学生综合素质

①有利于全面提升学生学业成绩

各合作学校的学生,对一中的文化理念、学习方法等非常认同。经过郑州一中教育教学共同体三年的培养,他们在学习品质、思维品质、学习习惯和学业成绩方面,都取得了巨大的进步。事实证明,郑州一中教育教学共同体教学模式,非常有利于合作学校教育教学质量的整体提升。

2013年高考,辉县高中第一届远程教育毕业班、太康二高理科班本科上线率均达到100%。2014年高考,鹿邑三高理科班二本上线率100%,当年中招录取全县500名后的应届生中,有2人进入全县前十名。2017年淇县一中文理科毕业班本科上线率均达到100%。

②有利于改善学生学习品质,提升学生综合素质,满足不同层次学生的差异化发展

共同体教学有利于改善学业基础薄弱的学生的学习品

质,使其获得最佳发展。扶沟县直高中是一所基础非常薄弱的学校,在当地只能招收到全县中招成绩排名 1 500 名以后的学生。2006 年与郑州一中合作开设远程教育卫星班,招生 60 人,都是当年中招考试低分数段学生。在郑州一中教学共同体学习三年后,该班在 2009 年河南省高招中,二本以上录取率 26.15%,是河南省平均录取率的 2 倍,三本以上录取率 58.46%,是河南省平均录取率的 3 倍,成为全县应届班上线人数最高的班级。

共同体教学也有利于卓越学生的培养,能使其突破自我,达到更高层次。数据显示,濮阳县一中 2015 年文、理科状元,2016 年文科第一名、理科第二名均在郑州一中卫星班。2017 年濮阳全县文、理科状元也出自该校卫星班。2011 年高考汝州市一高张世柯同学,2012 年高考汝阳县实验高中耿志明同学、卢氏县一高赵天理同学均达到了清华大学当年在本省的录取线,创造了当地高考的新纪录。

4. 促进教师专业发展,提升教师教学及教科研水平

①促进郑州一中教师专业发展

郑州一中作为共同体的中心校,每节课都会被现场直播,因此对主讲班的教师自身要求极为严格。主讲班的教师每周要组织在线教研,参与送课下乡、教学研讨会等教学教研活动。这一系列活动,促使郑州一中教师业务水平迅速提升。

同时,被选为主讲班教师,意味着更高的知名度、更高的教学水平、更大的教学平台,不少教师因此而成为市级、省级教学骨干、名师。主讲班教师职位也被认为是一种荣誉,能够

在郑州一中校内激发良性竞争机制，进一步促进学校教师专业发展。

②促进共同体学校教师专业发展

郑州一中教师整体素质较高，教研氛围浓厚，共同体合作学校的教师在与一中教师共同教研、组织教学的过程中，主动学习，主动实践，大幅提升了自己的业务能力和教科研水平。尤其是青年教师，在共同体教学系统中成长非常迅速。入职五年内的教师，经过教学共同体的培养，超过80%在省市优质课、课题成果或论文评选活动中受到表彰。这也进一步促进了合作学校教师队伍教学水平的整体提升。

5. 促进教育教学改革，有助于全面推进素质教育

为了满足共同体内不同层次学生需求，提高课堂教学效果，郑州一中于2009年开始在共同体内进行“主体课堂”教学改革研究与实践。郑州一中“主体课堂”是对传统的、教师干预度过高的“主导课堂”教学模式的颠覆，让学生真正明晰学习的过程和要素，形成自己发现问题、分析问题、解决问题的习惯和能力，从根本上转变学生的学习习惯和品质。“主体课堂”对学生学习方式的转变，学习效率的提高，以及教师教育教学观念的改变和教学行为的优化均具有革命性的意义，为应试教育向素质教育的转变找到了行之有效的出路。

在实施过程中，共同体各学校师生积极参与，认真反馈，使郑州一中课堂教学改革得以顺利进行，并在共同体内收到良好效果。改革成果“主体课堂教学改革研究与实践”获得2014年河南省基础教育教学成果一等奖。

6. 多次得到上级部门及行业协会的表彰与肯定

2011 年 5 月,中国教育技术协会认定郑州一中为中国教育技术协会中学远程教育技术专业委员会第二届理事会理事学校。

郑州一中育恒远程教育学校 2012 年以“卫星教学的研究与应用”为课题立项,2015 年结项,并获得河南省教育厅颁发的“河南省教育信息化应用示范校”的荣誉。

2014 年 4 月,河南省教育厅公布首批普通高中多样化办学试点学校,郑州一中位列其中,远程教育则是学校多样化办学的重要内容之一。经过三年的实践发展,2017 年 4 月,省教育厅下发文件,公布了河南省首批 30 多所普通高中多样化办学示范校,郑州一中位列第一。

2014 年 4 月 22 日,国家教育部副部长杜占元,在“全国厅局长信息化教育会议”上专门点名表扬了郑州一中远程教育“做得好,使很多县城的、农村的优秀学生享受到了河南省最优秀的教育资源”。

2014 年 4 月 30 日,河南省教育厅基教二处处长刘林亚、远程办主任张怀君、省电教馆馆长李普涛一行,到郑州一中调研远程教育发展情况。刘林亚处长在座谈时指出:郑州一中远程教育项目从目前实施的情况来看,对于项目合作薄弱高中确实具有很大的帮助作用,希望郑州一中能够再接再厉,进一步探索新方法、新模式,让远程教育更好地为教育均衡发展服务。

7. 媒体及社会各界高度评价

2018 年 4 月 16 日，新华网以“教育共享手拉手 精准扶贫心连心”为题，报道了郑州一中利用卫星直播技术通过教育教学共同体建设促进教育均衡，助力精准扶贫的事迹。

2016 年 5 月 10 日《教育时报》专版 3 刊发了《规范精细彰特色，卫星教学铸品牌》一文，全面介绍了郑州一中构建新型教育教学共同体带来的成果。

2014 年 5 月 14 日《中国教育报》第 7 版，以“郑州一中：卫星班让数万农村娃受益”为题，对郑州一中教育教学共同体办学成绩做了专题报道。

《河南日报》《大河报》《河南商报》、郑州教育电视台等媒体都曾对郑州一中的教学改革及远程教育项目进行专题报道。

郑州一中这所河南名校也在构建教育教学共同体的过程中被同行、学生、家长、社会广泛认可。

（二）反思与努力方向

随着郑州一中远程教育学校工作的深入，也逐渐产生一些问题和困境。比如直播课堂上，远端学生如何及时与一中教师互动交流？如何让远端学生和一中学生交流研讨？如何借助这一平台，加强德育工作，落实全面素质教育？如何进一步加强精准扶贫工作？这一系列问题，已经成为困扰卫星班教学继续发展的瓶颈。

“互联网 +”时代已经来临，新高考改革稳步推进，时代发展和教育改革，都要求我们必须充分利用新技术来为教育教学服务。下一步，基于新技术的开发和应用，我们计划做好以下工作：

①建立直播切换制度，在直播课中实现画面实时切换，保证每节课给远端学生在线提问和研讨的机会；

②完善在线辅导答疑平台，确保教师能够及时有效辅导远端贫困学生，进一步加强精准扶贫工作；

③拓展直播课堂的内涵，计划将一中的德育课程、社团文化活动、艺术节、开学典礼等活动课程也纳入直播，在共同体内全面分享；

④建立共同体间学生互访、帮扶结对制度，通过学生互访，让学生彼此增进了解，通过学生帮扶结对，互帮互助，有效拓展德育途径，实现精准扶贫。

总之，我们希望通过新的努力，最终打造一个点面结合、点点结合、全面互动、完全共享、共同提升的全新的可持续发展的优质教育教学共同体，为新时期基础教育贡献力量！

基于核心素养的作业设计与讲评策略

韩 松

本成果获得郑州市校本教研成果奖一等奖并在郑州市校本教研推进会上进行专题汇报。

核心素养是学生逐步形成的能够适应个人终身发展和社会发展需要的必备品格和关键能力,既回答了"立什么德、树什么人"的根本问题,又引领着课程改革和育人模式变革。结合学校教学实际,以落实学生核心素养为指引,改革作业设计与讲评,探索作业设计、评价与讲评的新方法。从而制订"进阶式"作业设计原则及讲评"六环节"策略,有效提升学生学习和运用知识的能力,既能破解作业讲评课课堂效率低下的现状,又能促进核心素养的提升。

一、背景分析

（一）核心素养的价值追求和方向引领

核心素养是落实党的教育方针“立德树人”，培养全面发展的人的目标细化，具体指学生在接受相应学段的教育过程中，逐步形成的能够适应个人终身发展和社会发展需要的必备品格和关键能力。

核心素养深入回答了“立什么德、树什么人”的根本问题，并将深入引领课程改革和育人模式变革。习题训练是高中生重要的学习任务，相关调查表明，如果将高三复习考虑在内，整个高中阶段，习题的训练和讲评占据全部学时的50%以上。因此，作业的设计与讲评，既是深入落实核心素养的重要阵地，又是全面提升学生核心素养的重要内容与方式。

（二）当前高中教师教学和学生学习现状

随着经济发展，民众对优质教育资源的需求力度持续加大，在基础教育尤其是高中教育阶段，家长、学校、教师和学生等教育参与者对考试分数的追求日益加剧，伴随着这一“剧场效应”，高中教学普遍走上了以高负担追求高质量的道路。在此背景下，教师的教学压力日益增大，学生的课业负担日益增多。显而易见，这并不是高中教育应该追求的模式，它既有违新高考改革的价值追求，也不符合素质教育的要求。要破解这一教育困境，确实需要学校在“重素养、减负担、提效率”方面多找办法，狠下功夫，努力探寻“低负担、高质量”的发展道路。

二、拟解决的问题

(一)破解作业设计与评讲不能落实培养核心素养的现状

1. 作业的设计、解析不能指向培育学生的核心素养

当前,很多作业及试题的设计都是只重视对学科静态知识的考查,不重视对迁移运用能力的考查;只重视学生解题的结果,不重视学生解决问题的过程;只注重学生解题的熟练准确程度,不注重学生创新思维的训练。这就导致作业及试题设计质量不高,不能指向核心素养中促进个人发展层面的学科认识、批判质疑以及社会参与层面的实践创新的落实,进而导致学生陷入大量低水平的重复训练之中,负担逐渐加重,成绩却无法提升。

2. 作业的讲评不能培育、发展学生的核心素养

现实中的作业讲评课,多数情况还是以教师讲、学生听为主。教师讲授解题的方法,把方法与技能的培养当作知识传授给学生,让学生记住机械的解题方法。学生由于没有体会解题的过程,因此遇到新的问题,仍然不能解决。

教师对习题的讲解忽视了核心素养中对学生的学科态度、科学精神、勇于探究的毅力的培养与发展,对学生的主体地位突出不够,忽视了学生学习中极为重要的体验实践的过程。

(二)破解学生大量做题,学业成绩依然不理想的问题

1. 学生完成作业只重视数量,忽视深入探索和反思

很多学生不知道为什么要做习题,把作业当成是必须完

成的学习任务，只关注完成的量，不愿意主动深入探究与反思，因而忽视对学科观点的理解与认识，忽视对学科思想的总结与提升，忽视学科与社会的关联及价值意义，进而使学习变成了应付大量的作业，毫无兴趣可言。在此基础上，学生更看不清自己未来能解决什么问题，会成为一个什么样的人，更不会想到自己对社会应该承担的责任与义务，这一系列因素导致学生大量付出时间和精力，却难以提升学业成绩，甚至出现厌学等不良后果。

2. 学生进行作业训练时思路混乱，缺少学科逻辑

很多教师进行作业讲评时，都是先讲方法，再讲例题，最后练习巩固。让学生套方法、套题型，所以很多学生做题只是仿照在课堂上学过的例题来解答习题。教师只讲方法，从来不讲这个方法我是怎么想出来的，不讲面对一个问题，教师利用了什么信息，进行了怎样的思考，更不要说让学生自己勇于探究，去发现解决问题的方法，以至于让学生失去了解决问题的过程，失去了体验解决问题的能力的过程。

这种情况下，学生一旦遇到新型题目或者联系实际的问题，立即陷入无所适从、一筹莫展的局面。作业训练目的由学科能力提升逐渐演变成套习题、背习题的机械重复，大量投入，收效甚微，苦不堪言。

（三）突破作业讲评课效率低下的困境

1. 教师只重视作业的数量，不重视讲评的质量和效率

为了提高本学科成绩，很多教师重视学生作业的数量，通过作业量的增加来增加学生学习本学科的时间，再加上受教

辅资料的影响，布置大量作业，讲评时又想面面俱到、题题都讲，以至于每一道题目都不能深入透彻讲解。作业讲评课的授课方式单一，总是教师讲，学生被动听讲，造成习题课的课堂效率低下。从发展学生的核心素养看，这种方式对学生的主体地位突出不够，学生印象不深，方法不会迁移。

2. 学生只重视完成作业，不重视习题课的听讲、纠错

学生只重视完成作业这个结果，对完成作业过程中遇到的问题重视不够；在听讲时，只重视自己犯错的题目，对其他题目不重视甚至忽视，尤其是选择题的讲评，学生自己选对了，就不想知道其他选项的错因。不重视这类题的听讲，最终导致作业讲评课堂效率不高。

从发展学生的核心素养看，这种现象导致作业讲评对学生的学科态度、人文精神关注不够，要让学生明白“只知道对因，不知道错因，等于半对；知道对因，还知道错因，才是全对”这一道理，不能只有成功的体会经验，还应该有对失败的体会经验，这样才能避免今后出错。

三、解决问题的路径与方法

(一)构建基于提升核心素养的“2+4”作业设计原则

1. 题目编制科学性

试题的情境、设问的角度及方式要科学、可信、新颖、灵活，力争做到及时反映当下科学发展状况，同时避免学术及伦理争议。

2. 题目内容代表性

根据合格性考试和等级性考试的考核目标，按照课程标准，抽取具有代表性的核心概念、规律、思想和方法等内容来设计试题；题目要注重反映本学科的知识结构和基本规律，反映本学科与学生进一步学习相适应的思想与方法；所选取的知识内容要具有合理的覆盖面和适当的比例。

3. 题意描述规范化

试题的表述要科学、合理、有效，符合学生的认识习惯和审题的能力水平，能清晰指向解决问题的方向，避免歧义和费解。

4. 题目设计情境化

核心素养的落实需要通过学生应对复杂现实情境，参与相应探究活动来实现，因此，在具体题目中应尽量创设类型多样、具有较高复杂程度、开放性的真实情境作为题目的任务情境。题目的情境要具有一定的问题性、现实性、探究性或开放性，注重提高学生发现问题，多角度、多方法、发散性地解决问题的能力。

例 1：(数学函数) 我校距离机场 T2 航站楼 47 公里，根据郑州市出租车计价方式，乘坐出租车最少需要多少钱？请说明此时你的打车策略。

这种基于生活情境的问题既能激发学生的兴趣，又能在掌握基础知识的同时提升学生解决实际问题的能力。

5. 考查目标具体化

试题的立意要明确，要清楚地指向某一核心素养或多个核心素养，尽量能明确到核心素养中的具体要素。整份试卷所考查的核心素养要能涵盖学科所有可测试的核心素养,并根据学科知识和特点确定适当的比例。针对合格性考试和等级性考试的不同目的,试题考核的核心素养水平应有所不同,核心素养的水平层次要符合两类考试的要求。

6. 评价标准等级化

评价标准要摒弃单纯的、知识性的描述方式,制订基于核心素养的等级评价标准。评价标准要依据学业质量标准来制订,能清晰界定所考查的知识、能力和素养,能准确地判断学生的核心素养和学业水平。

例 2:(语文学科诗歌鉴赏)

下面是三首题目同为“玉阶怨”的诗,但在艺术表现方面有优劣之别,请综合比较,选出艺术成就最好的和最差的。

《玉阶怨》(一)

夕殿下珠帘,流萤飞复息。
长夜缝罗衣,思君此何极。

《玉阶怨》(二)

紫藤拂花树,黄鸟度青枝。
思君一叹息,苦泪应言垂。

《玉阶怨》(三)

玉阶生白露,夜久侵罗袜。
却下水晶帘,玲珑望秋月。

参考答案与评价标准:

(1)《玉阶怨》(三)最好,《玉阶怨》(二)最差;——达标级(判断)

(2)中国诗歌以含蓄为美,从抒情的含蓄性方面分析,《玉阶怨》(三)抒情含蓄委婉,真挚动人;《玉阶怨》(二)过于直接,不够深刻;——提高级(基础手法评价)

(3)意象组成方面,《玉阶怨》(三)意象集中统一,唯美和谐;《玉阶怨》(二)凌乱繁杂,相互抵触;——发展级(高级手法评价)

(4)色彩组合方面,《玉阶怨》(三)以素色为主,营造出凄清的冷色调,更加契合主人公的情绪;《玉阶怨》(二)色彩杂乱不协调,色调不明,无法指向主人公的情绪。——创新级(创新角度评价)

(二)变革讲评的内容和形式,培养提升学生核心素养

1. 构建"进阶式"作业设计结构,改善学生接受、内化方式

题目按内容归属进行"专题突破"式的分类,形成难度递进式的题目组(题目集合),而不是按表达的形式(如选择题、填空题、计算题等)分类,这样以来,学生在做题时,能更清晰地知道自己在做什么,知道自己学会了什么,知道自己在哪些方面还有差距。学生在完成习题的过程中,逐渐形成感悟并内化学科思想、科学思维方法。

例3:(高一物理"加速度"作业结构)

专题突破一

初步感知:什么是加速度?——记忆性问题

专题突破二

加速度的理解——理解性问题

(1)平均加速度相同时,速度变化与时间成________比;速度变化相同时,平均加速度与时间成________比。

专题突破三

利用加速度进行的计算——应用性的问题

(1)篮球以 10 m/s 的速度水平撞击篮球板后以 6 m/s 的速度反弹回来,篮球与挡板的接触时间为 0.1 s,则篮球在这段时间内的平均加速度为多大?加速度的方向如何?

从发展学生的核心素养来看,认知领域的作业题目可以分为:记忆性问题、理解性问题、应用性问题、分析性问题、综合性问题、评价性问题(判断、质疑、创新)。六类题目中,前三类属于基础性问题,后三类是综合性的具有挑战性的问题。

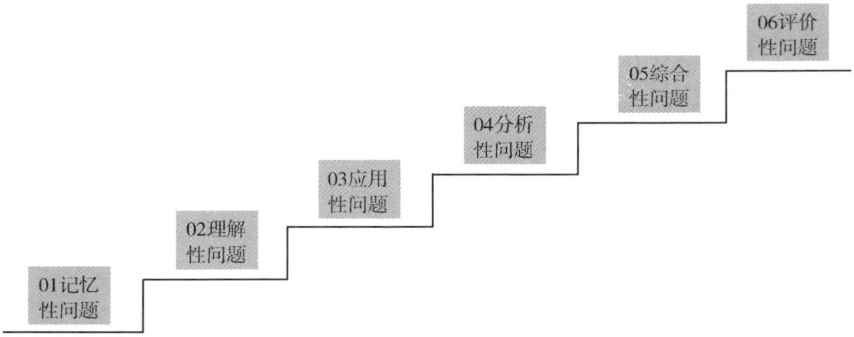

“进阶式”作业结构图示

在高一、高二、高三不同阶段的课堂教学中,应根据内容选择不同层次、不同难度的问题。

2. 构建、完善作业讲评的“六环节”策略

突出学生的主体地位,贯彻“先学后教”的理念,把传统的习题课教学方法“先讲方法,再讲例题,最后练习巩固”改进为作业讲评的“六环节”策略。

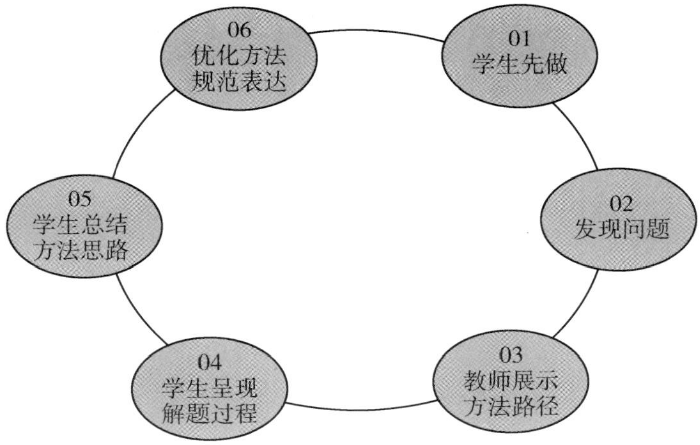

作业讲评“六环节”策略

面对一个新问题，老师告诉学生自己是怎么审题的，怎么提取信息的，怎么想到用什么方法求解的，怎么解决问题的等，就是老师向学生展示自己的思考过程和思维路径，让学生有可模仿的解决问题的思维模型。然后由学生自己写出题目的解答过程，同时对自己在题目解答过程中的方法和思路进行总结，然后在老师的指导下优化方法、规范表达，从而提升学生的思维品质及解决问题的关键能力。

四、工作原则与条件保障

核心素养的落实，需要常规教学中各个环节的紧密配合。教学的任何一个环节，都应该围绕发展学生的核心素养来进行，只有教学中各个环节通力配合，核心素养才能高效地落到实处，这一点需要从学校教学全局出发，明确原则，细化策略，统一提升。

核心素养的落实，需要高度组织化的工作机制。高质量作业设计能有效提升学生学业质量,减轻学生学业负担,但是,高质量的作业设计需要教师花费大量精力和时间,因此,教师个体努力是远远不够的,需要高度组织化的工作机制,需要高效流畅的运转平台,将教师化零为整,形成强大的合力,进而降低师生负担。

规矩律诗，千般情韵

——善用五个抓手，赏析律诗情感

侯　巍

侯巍，郑州市第一中学语文教师，郑州市骨干教师，郑州市优秀班主任，“十佳”班主任。本文原载《中学生阅读》(2015年10月刊)。

律诗是中国古典诗歌中法度最为严谨的一种诗歌体裁：炼字用词讲究平仄、粘与对：意胜而境出，一字一词总关情；句式结构讲究押韵、对仗：两句连贯行云流水，情感思绪自然贯通；篇章布局上讲究起、承、转、合：景路、理路、情路均起伏照应，承接转换，极富变化。律诗题材内容丰富多样，不同题材内容的作品往往传达出不同的情感——有的忧国伤时，有的怀乡思亲，有的仕途失意，有的田园悠闲；律诗八句四联，情感复杂多变，杜甫的一首《登高》就同时蕴藏了他病中的感伤、客中的孤寂、思归的痛苦、家国的忧虑及老之将至的无奈等多种情感。

规矩律诗，千般情韵。那么，律诗通常是如何抒发情感，我们又该如何把握律诗丰富、复杂甚至多变的情感呢？善用五个抓手，定能有所成就。

1. 景为情设，情因事起——会分析景中情

情与景，是诗歌创作的两大要素。古人说“景乃诗之媒，情乃诗之胚”“孤不自成，两不相背”，律诗相对于绝句，情语和景语往往更易区分，泾渭分明，通过体味景语的哀乐，景色的冷暖，往往能够勘破情语的悲喜。比如，黄庭坚《雨过至城西苏家》

飘然一雨洒青春，九陌净无车马尘。

渐散紫烟笼帝阙，稍回晴日丽天津。

花飞衣袖红香湿，柳拂鞍鞯绿色匀。

管领风光唯痛饮，都城谁是得闲人。

我们就可以从景象入手，诗人黄庭坚行走在前去拜见长期贬谪外放、如今官复原职的好友苏轼的路上，雨后的路面一尘不染，路边红花沾雨，柳色葱翠，天空烟消云散，丽日高悬……一派大好春光。这是乐景、暖景，对自然美景的喜爱，对好友归来的喜悦，忙里偷闲的自得全都寄寓在这大好的春色之中。

2. 用事明理，事缘景设——会分析事中情

近体格律诗成型于唐中宗景龙年间。此间格律诗定型并走向鼎盛，叙事律诗亦登上大雅之堂，其叙事功能被发挥到极致，造就了唐叙事诗不朽的“魂魄”。因此梳理诗中事件的前

因后果，有利于弄清楚诗人所抒之情。比如，唐·韩偓《残春旅舍》

旅舍残春宿雨晴，恍然心地忆咸京。
树头蜂抱花须落，池面鱼吹柳絮行。
禅伏诗魔归净域，酒冲愁阵出奇兵。
两梁免被尘埃污，拂拭朝簪待眼明。

全诗以叙事见长，唐朝亡故，诗人客居闽地，春残红飞，夜雨刚晴。于是使诗人忆起阔别久远的帝京长安——作为翰林学士的春风得意，唐昭宗的信任；朱全忠的排挤，落魄异乡的悲凉；皇都草木的温暖芬芳，客居馆舍中的寂寞孤独……全都浮现脑海，涌上心头。诗歌最后一联，将各种复杂的情感和盘托出——表达了作者内心孤寂愁苦，但仍忠于大唐、心系故国之情。

3. 托物言志，借物抒情——会分析物中情

古人很喜欢咏物，唐人尤甚。据统计，仅《全唐诗》已存咏物诗 6261 首。这里边不乏优秀的咏物律诗。例如，骆宾王《在狱咏蝉》和李商隐的《蝉》都是传世佳作。因此，赏析律诗，要学会分析物中情。当然，要把握诗中“物”中情，最根本的是能抓住所写之物的特点，如形态、色泽、品质、环境等特点，从而体悟所寄托的感情。如杜甫的《房兵曹胡马》

胡马大宛名，锋棱瘦骨成。
竹批双耳峻，风入四蹄轻。
所向无空阔，真堪托死生。
骁腾有如此，万里可横行。

这是杜甫的早期诗作。首联写胡马的骨相不凡，锋棱瘦骨；颔联生动形象地描绘了胡马的雄奇体态，两句诗对仗工整；颈联写胡马的勇往直前，突出其气概品质；尾联总揽全诗，揭示主旨。诗中对骁勇善战、义干青云的胡马进行了栩栩如生的刻画，使读者不仅欣赏到胡马体形的俊健，更为它所呈现出的精神振奋不已，同时，句句写马，又处处关人，以健马暗喻勇士，诗人的豪迈之情跃然纸上。

4. 化用典故，情蕴典中——会分析典中情

凡诗文中引用过去有关人、地、事、物之史实，或有来历有出处的词语、佳句，或寓言故事、神话传说，来表达诗人的某种愿望或情感，而增加词句之形象、含蓄与典雅，或意境的内涵与深度的，即称“用典”。

在诗歌中大量使用典故，是唐代开始的事情，在此之前的诗歌用典较少。唐代兴起的律诗在炼字炼句方面更加严苛，因此特别讲究“惜墨如金，寓万于一”，用典之风日盛。高考中出现的古典诗歌，以唐宋两代为主，这时期的大部分诗人恰爱用典，所以我们对诗歌中的典故就应特别注意了。

以大家熟悉的《锦瑟》（唐·李商隐）为例，倘若我们把《锦瑟》当作爱情诗对待，了解诗中的四个典故，便明了了诗人的相应思想情感——庄生晓梦迷蝴蝶，诗人借此典虚缈的梦境隐喻年轻时在爱情世界沉迷的美好情境；望帝春心托杜鹃，诗人借此以冤禽托写恨怀，表达对亡妻殷切的思念；沧海月明珠有泪，表达一种复杂的怅惘情怀，凄寒孤寂的感伤；蓝田日暖玉生烟，借此具有极高美学意味的理想景色，抒发一种

对于高洁情感无法亲近的怅恨。

5. 挑字简句，字句有情——会分析字中情

律诗八句四联，几乎联联对仗。作为律诗作者，无不企望杜甫“一篇之中句句皆律，一句之中字字皆律”的高度。因此，律诗对字词的锤炼总是精益求精，以至“吟安一个字，捻断数茎须”。这些中律传神的字，一旦表现在高度凝练的情感词语上，就叫“情字”。分析某句、某联或全篇的思想感情，首先要把这样的“情字”挑出来进行分析。例如，清 · 赵执信的《秋暮吟望》

小阁高栖老一枝，闲吟了不为秋悲。

寒山常带斜阳色，新月偏明落叶时。

烟水极天鸿有影，霜风卷地菊无姿。

二更短烛三升酒，北斗低横未拟窥。

“常”强调时间频度，将随朝暮变化的山色写为常著落日之色；“偏”字突出情态，将新月照落叶的自然现象视为有意为之。“常”与“偏”改变景物的客观性，为情造景，凸显诗人的心绪与情感——看似旷达、闲淡，实则落寞、惆怅。

律诗的情感，有时是单一的，更多是丰富的、复杂的、多变的。而情感内容的丰富、复杂、多变的特点，在近几年的高考中体现得特别明显。因此，答情感题时应特别注意多角度、多方法、多层面地开掘，才能避免要点的缺失。

旧时花影

——那些年的老课文

景治伟

景治伟，郑州市第一中学语文教师。本文系作者应邀为《那些年的老课文》一书创作的序言。

黑格尔说："传统并不是一尊不动的石像，而是生命洋溢的，有如一道洪流，离开它的源头愈远，它就膨胀得愈大。"中国文学的长河由《诗经》而滥觞，百川灌河，历数千年而发育成浩荡洪流。当苍苍蒹葭似乎永在摇曳着秋水伊人的情韵时，上林苑的琼枝已悄然缀满骈辞俪赋的蓓蕾；当长安曲江的垂柳渐次飘落了唐诗的雪絮，汴河西湖之滨的春枝便绽放出了宋词的杏花，渐渐姹紫嫣红开遍，开成了令人目不暇接的花海。遴选诗文佳作就像选美挑花一样，能够入选课本为学子们吟诵，自然就是题名金榜了。怎奈环肥燕瘦，姚黄魏紫，江山代有美人出，乱花渐欲迷人眼，非挑选之为难也，割舍之为难也！

古人对于著述的态度非常严肃，要求极高，顾炎武说："其必古人之所未及就，后世之所不可无，而后为之。"（《日知录·著书之难》）清代名医柯琴说："胸中有万卷书，笔底无半点尘者，始可著书；胸中无半点尘，目中无半点尘者，才许作古书注疏。夫著书固难，而注疏更难。"（《伤寒来苏集》）柯氏对于著书和注疏者的要求，移之选家，其理亦同。选学在中国曾是一门显学，《昭明文选》即选学之巨著，非大学者不能膺此重任。挑选课文也是选学，不同的课本即是选家眼光的体现，心血的结晶。

一时代有一时代之好尚，而一时代语文课本之选文，也是其时代风云之缩影。课本随着时代变化而变化是必然的，且不说"三味书屋"的蒙学教材，就是随手翻检近几十年的语文课本，其更易之大，就令人不胜感慨。老课文中，经选家寓目采撷者，已蔚为大观，那些代代相传的名篇，成为语文课文百世不祧的常青之树。然而，我们也看到，或因世易时移而损益，或因篇幅所限而割爱，或因好尚不同而裁汰，总有一些已历经披沙拣金之选的好文章湮没不闻，使人常怀遗珠之憾，惜哉。

日前看到80后、90后们在网络上相约晒儿时的玩具、读物，应者云集，那是因为勾起了他们的集体记忆。其实一时代之人的集体记忆，何世无之？老课本就是集体记忆的载体，打开发黄的书卷，如游旧径；默念那些熟悉的文字，如见故人。那些老课文，我们当年曾在青灯寒窗之下讽诵百遍，至今犹觉齿颊留香。那些课文中的语料已成为我们语言的武库，那些耳熟能详的典故，成为一代人的共同语言。不同时代的人们，可以凭借熟悉的课文找到同龄人，追忆岁月的光华，重拾青春的回忆。默诵旧文，如梦回当年的课堂，同学们笑颜如睹，师长们謦欬犹闻，那些封存在时间魔盒里的华章又焕发出了新的光彩。那些老课文，增长了我们的知识，灌溉了我们的精神，溶进了我们的灵魂，成为我们心灵世界的背景音乐。读老课文，于编者为“芳洲拾翠暮忘归”，于学生则为“秀野踏青来不定”，虽然词人张先云淡风轻地说“无数杨花过无影”，但青春岁月的杨花岂能过而无影，那些老课文就是远去的青春的旧影啊！

元好问诗云：“望帝春心托杜鹃，佳人锦瑟怨华年。诗家总爱西昆好，独恨无人作郑笺。”说的是《诗经》有汉初毛公作传，到汉末时读来已多不解，于是郑玄笺注之以为助读。而李商隐的诗隐晦难解，却没有像郑玄那样的人为其作注释，其实后人对于前人课文中熟知的典章故实也有同样的隔膜。

读前人的蒙学教材，《三字经》《百家姓》《千字文》《弟子规》《笠翁对韵》《龙文鞭影》《增广贤文》《幼学琼林》及更高深者如《昭明文选》、四书五经等，发现那些文章已经引进了他们的诗文，融入了他们的灵魂，化为了他们立身行事的指针。他们的文章引用的那些典故，于知识背景相同的读者无须解释，而后人读来却已经非常隔膜，须作“郑笺”了。

比如，中原民间用《百家姓》中的“周吴郑王”形容一个人穿戴正式端庄，用“天字第一号”（《千字文》首句“天地玄黄”)来排序或形容最高、最大、最强者;模仿《孝经》“某某第几章”之例用“发昏章第十一”风趣地形容人发昏得厉害等。

唐人刘肃《大唐新语》记载,姜恪因边地战功而为左相,阎立本擅长绘画而为右相,所以当时人说“左相宣威沙漠,右相驰誉丹青”,借《千字文》中的“宣威沙漠,驰誉丹青”来戏谑唐高宗用人失当,闻者莞尔。但若未读过《千字文》可能就一头雾水,难解其谑趣了。反观当下,我们今天的学生听五十多岁的人聊天,涉及老课文者,儿童相见不相识,多有不解之处,大有须借“郑笺”之叹。

文化、文章都有传承性,今之所谓古文,即昔日之时文也;今之所谓时文,即未来之古文也。正如今之经典旧影,即昔之时花美人也。才人代出,淹没于时间之逝川者不知多少,但文章自有命,不仗史笔传,有价值者终不会湮灭。经过时间苛刻汰选而传诸后世的佳构,如陈年佳酿,久而弥醇。古今诗文,其所载之道、所寓之情随风俗政令的变化而有时代之异,然而就其文法而言,则语殊而道同;就其词采而言,则异代有同好;就其哲理而言,则万方皆服膺。经典诗文是后人取之不尽的宝藏,如刘勰《文心雕龙》论及屈原之辞赋衣被后人的余泽时说:“才高者菀其鸿裁,中巧者猎其艳辞,吟讽者衔其山川,童蒙者拾其香草。”老课文,是知识、哲理、情趣词采的综合体。已登宝山,岂不见玉;既入广泽,自有骊珠。涵泳其中,开卷有益。然蓬莱须乘槎而上,灵山待接引方登。编者愿为美文作伐,荐之于忘年之交的小朋友们,奇文共欣赏,疑义相与析,使一如当年我辈之花季少年得识佳作,含英咀华,化育心灵。既共悦读之至乐，且彰美文之不朽。

选政亦大矣！继前贤之余烈，融自我之裁量。选文非仅荟萃而已，仍有一番考量权衡的功夫。对于本书所选篇什，编者尽量保持老课本的原文、原注，仅编目略示，不强作解人，而待学子且吟且思，食髓知味。

至于编者因学识浅薄，眼界有限，而致本书出现的不足，俟诸方家识者教正之。

是为序。

利用柱体解决立体几何问题

张　甲

张甲,郑州市第一中学2002届毕业生,毕业于南开大学数学系。郑州市第一中学数学竞赛主教练,数学奥林匹克竞赛全国优秀教练员,国家队兼职教练员。本文原载《中等数学》(2016年第9期)。

(本讲适合高中)

立体几何中有一些问题不太容易利用空间向量解决,甚至不容易画出直观图形。但若巧妙地利用柱体,则可以方便思考,降低空间想象的难度。

例1　已知一个四面体(A_1BC_1D)的三组对棱长分别为a、b、c。求此四面体的体积以及外接球半径。

解　如图1,将四面体放入一个棱长分别为x、y、z的长方体中,使得长方体的面对角线为四面体的棱。

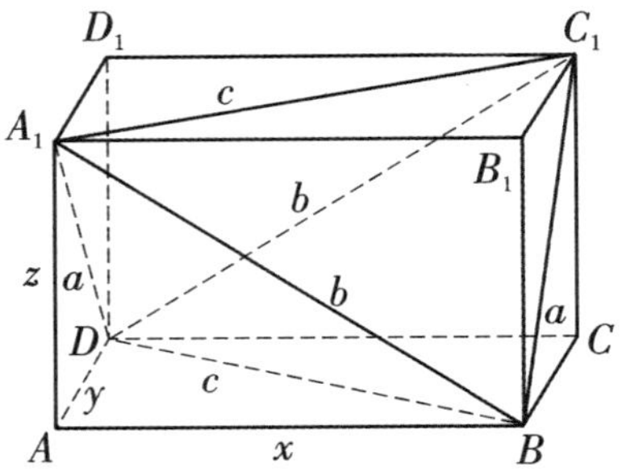

图 1

$$\text{则}\begin{cases}x^2+y^2=c^2,\\ y^2+z^2=a^2,\\ z^2+x^2=b^2。\end{cases}$$

于是,四面体的体积(V)等于长方体的体积减去四个三棱锥的体积,即

$$V=xyz-\frac{1}{3}\times\frac{1}{2}xyz\times 4=\frac{1}{3}xyz$$

$$=\frac{\sqrt{2}}{12}\sqrt{(a^2+b^2-c^2)(c^2+b^2-a^2)(a^2+c^2-b^2)}。$$

由于四面体的外接球与长方体的外接球为同一个球,因此,半径(R)等于长方体体对角线的一半,即

$$R=\frac{1}{2}\sqrt{x^2+y^2+z^2}=\frac{\sqrt{2}}{4}\sqrt{a^2+b^2+c^2}。$$

此题是高中立体几何经典题型,这里用它来“热热身”。

例 2　一个几何体的三视图如图 2,其中,$\angle DBC=120°$。

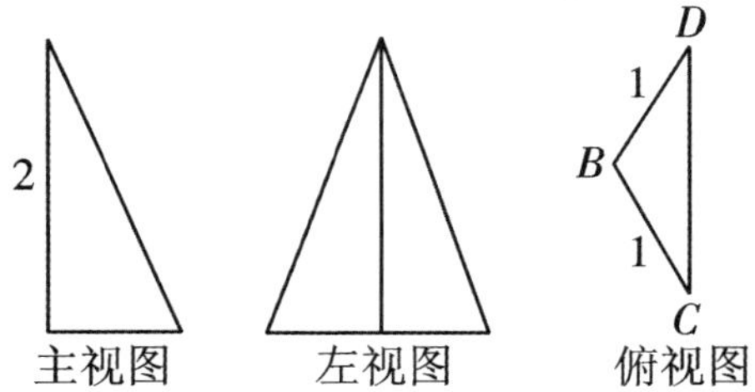

图 2

求其外接球半径。

【分析】又是求外接球半径,有了例1的经验,考虑能不能把它也放入柱体去思考呢?画出直观图后发现,该四面体可看成一个正六棱柱切掉的一角(120°的等腰三角形给了一些启发)。

解 如图3,该几何体与图中的正六棱柱的外接球相同,易知所求半径为 $OA=\sqrt{2}$。

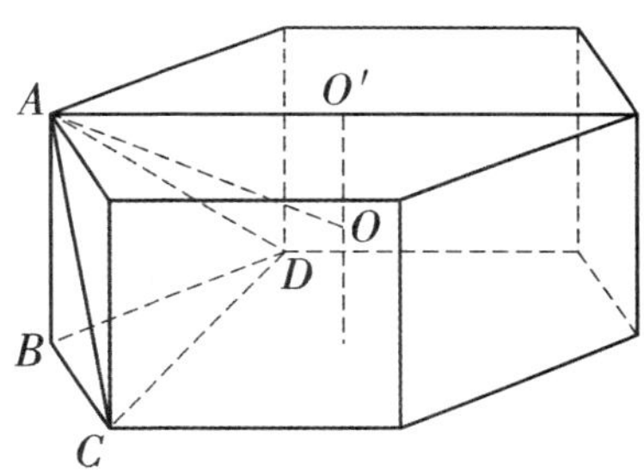

图3

例3 证明:若四面体相对棱间的距离分别为 d_1、d_2、d_3,则四面体的体积 $V\geqslant\frac{1}{3}d_1d_2d_3$。

(第48届全苏数学竞赛)

【分析】将线线距离转化为面面距离,想到构造平行六面体。

证明 构造平行六面体使得原四面体的棱为平行六面体的各侧面的对角线。于是,各相对面的距离分别等于四面体三组对棱的距离,且易知该平行六面体的体积为四面体体积的3倍。将 d_3 视为平行六面体的高,其对应的平行六面体的底面记为▱$ABCD$,它的底为 AB,高为 d,且 $AB\geqslant d_1$,$d\geqslant d_2$。

于是，$S_{\square ABCD} \geqslant d_1 d_2$。

故 $V = \frac{1}{3} V_{平行六面体} = \frac{1}{3} S_{\square ABCD} d_3 \geqslant \frac{1}{3} d_1 d_2 d_3$。

例 4　若空间三条直线 a、b、c 两两为异面直线，则与直线 a、b、c 均相交的直线有（　　）条。

（A）0　　　　（B）2

（C）多于 1 的有限　　　　（D）无穷多

（1997，全国高中数学联赛）

解　无论直线 a、b、c 的位置关系如何，总可以构造平行六面体。$ABCD-A_1B_1C_1D_1$，使得 AB 在直线 a 上，B_1C_1 在直线 b 上，D_1D 在直线 c 上，如图 4。

在 DD_1 的延长线上取一点 M。由点 M 与直线 a 确定一个平面 α。平面 α 分别与直线 B_1C_1、A_1D_1 交于点 P、Q。则 PQ // 平面 a。

于是，在平面 α 内，直线 PM 不与直线 a 平行，则 PM 必与直线 a 交于一点 N。

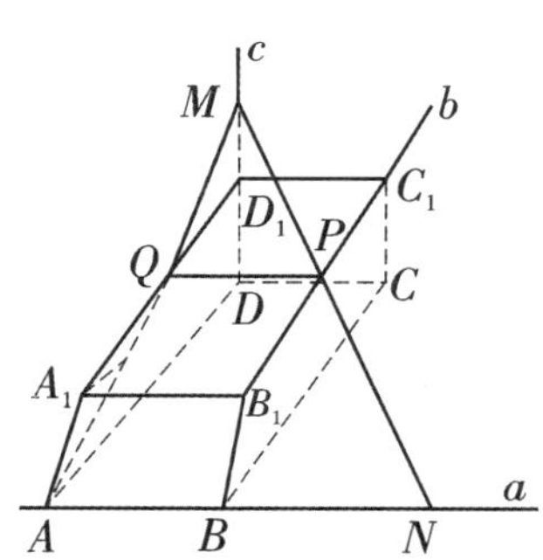

图 4

故直线 MN 就同时与直线 a、b、c 相交。

由点 M 的取法有无穷多种，知同时与直线 a、b、c 相交的直线有无穷多条。

【评注】借助平行六面体，便于刻画空间中三条两两异面的直线。

例 5 三个 12×12 的正方形均被联结两条邻边的中点的直线分成 A、B 两片，如图 5，把这六片粘在一个正六边形的外面折成多面体。求此多面体的体积。

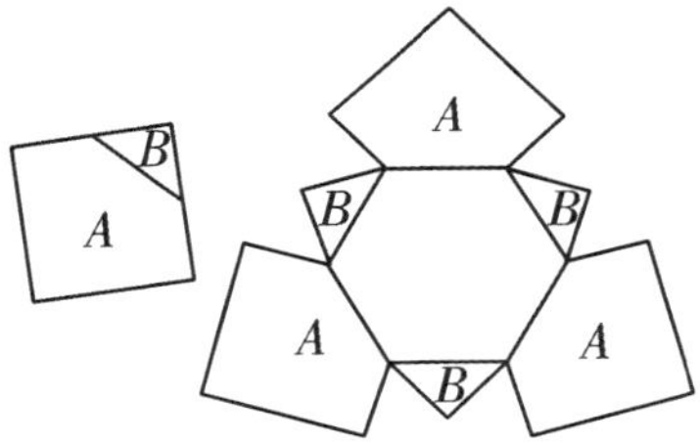

图 5

（第三届 AIME）

【分析】直接画出直观图不容易，但正方形的纸片给了一些灵感，不妨先画一个正方体，再点出一些中点试试看。

解 如图 6，易知六个中点连接的图形是正六边形。此正六边形的截面恰将一个正方体切成两个想要的多面体。于是，所求的多面体的体积是正方体体积的一半，即

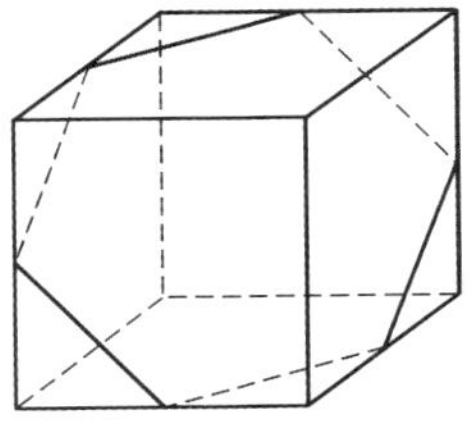

图 6

$$\frac{1}{2}\times12^3=864。$$

此题曾被同济大学作为自主招生试题。

例 6 给定依次排列的四个互相平行的平面 α_1，α_2、α_3、

α_4，其中每相邻两个平面间的距离均为1。若一个正四面体$A_1A_2A_3A_4$的四个顶点满足$A_i \in \alpha_i(i=1,2,3,4)$，求该正四面体的体积。

【分析】由于面面距离可以转化为点面距离，先结合正四面体与正方体的联系，可试着将正四面体放入正方体，再去想象那四个平面。

解　如图7，将正四面体$A_1A_2A_3A_4$置于正方体$ABCD-A_1B_1C_1D_1$中（或在正四面体的四个面外侧各镶嵌一个直角三棱锥，得到一个正方体），E_1、F_1分别为棱A_1B_1、C_1D_1的中点，面EE_1D_1D // 面BB_1F_1F。若两平面距离为1，则四面体$A_1A_2A_3A_4$即为满足条件的正四面体。

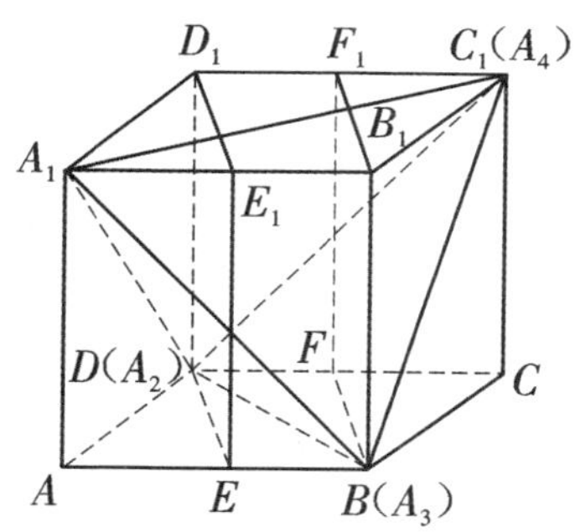

图7

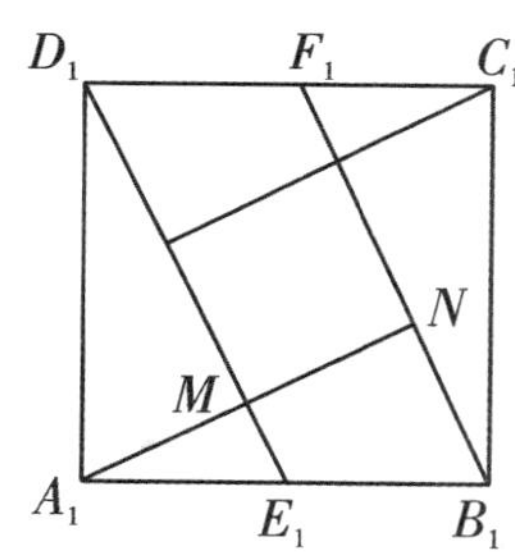

图8

图8是正方体的上底面，设正方体的棱长为a。

若$A_1M=MN=1$，则

$$A_1E_1=\frac{a}{2},$$

$$D_1E_1=\sqrt{A_1D_1^2+A_1E_1^2}=\frac{\sqrt{5}}{2}a。$$

由$A_1D_1 \cdot A_1E_1=A_1M \cdot D_1E_1 \Rightarrow a=\sqrt{5}$

$\Rightarrow$正四面体的棱长 $d=\sqrt{2}a=\sqrt{10}$。

其体积 $V=a^3-4\times\frac{1}{6}a^3=\frac{1}{3}a^3=\frac{5\sqrt{5}}{3}$,这表明,$V$ 等于一个棱长为 a 的正方体割去四个直角正三棱锥后的体积。

例 7 一块长方形的木板(厚度不计)放置于水平的桌面上,记为长方形 $ABCD$。现将木板绕边 AB 向上旋转角 α,再将木板绕边 AD 向上旋转角 β 并固定住,且 α、β 均为锐角。若此时木板上有一质量为 m 的小木块未滑落,求小木块受到的摩擦力。

【分析】这道物理题的核心问题其实是立体几何问题:将重力正交分解需要知道木板旋转两次以后与水平面所成角的大小。注意到问题只涉及二面角的大小,与平面用什么形状来刻画没有关系(不要被"长方形"木板限制住思路)。

解 构造长方体 $ABCD-A_1B_1C_1D_1$,连接 BD、AD_1,如图 9。

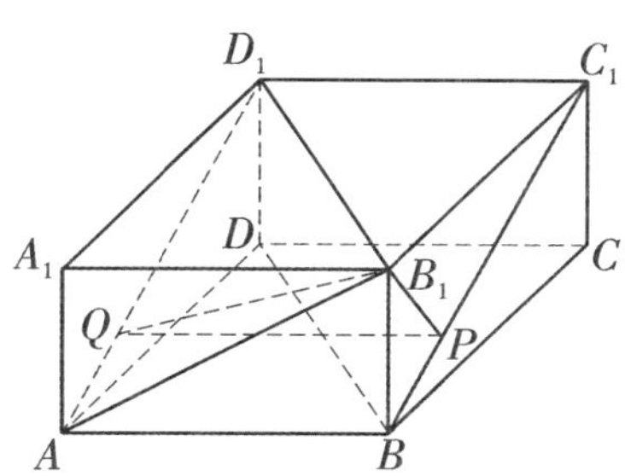

图 9

设长方形木板第一次旋转后的平面就是平面 ABC_1D_1,第二次旋转后的平面就是平面 AB_1D_1。

在面 BCC_1B_1 中,作 $B_1P\perp BC_1$ 于点 P,过 P 作 $PQ\mathbin{/\mkern-5mu/}AB$,

与 AD_1 交于点 Q，连接 B_1Q。

易证 $\angle CBC_1=\alpha$，$\angle PQB_1=\beta$。设最后木板所在平面与水平面所成的角为 γ。

由面积射影定理知

$$\cos\gamma=\frac{S_{\triangle ABD}}{S_{\triangle AB_1D_1}}=\frac{\frac{1}{2}AD\cdot AB}{\frac{1}{2}AD_1\cdot QB_1}$$

$$=\frac{AD}{AD_1}\cdot\frac{PQ}{QB_1}=\cos\alpha\cdot\cos\beta。$$

于是，小木块受到的摩擦力为

$mg\sin\gamma=mg\sqrt{1-\cos^2\alpha\cdot\cos^2\beta}$。

例 8 证明：正四面体各棱在任一平面上的射影的平方和为定值。

【分析】注意到，正方体中存在正四面体，不妨从正方体入手研究此题。

证明 设正四面体的棱长为 a，过四面体每条棱分别作对棱的平行平面，这六个平面构成一个正方体，其棱长为 $b=\frac{a}{\sqrt{2}}$。

记原命题中的平面为 π，设正方体某一顶点发出的三条棱与平面 π 的垂线所成的角分别为 α、β、γ。

则由熟知的结论有

$\cos^2\alpha+\cos^2\beta+\cos^2\gamma=1$。

故正方体 12 条棱在平面 π 上的射影的平方和为

$4b^2(\sin^2\alpha+\sin^2\beta+\sin^2\gamma)=8b^2$。

又正方体每个面在平面 π 上的射影均为平行四边形，而每个面的对角线(原正四面体的棱)在平面 π 上的射影是相应平行四边形的对角线，且每个面的对角线的射影的平方和等于四条边的射影的平方和，于是，从正方体的每一个面各取一条对角线，它们的射影的平方和等于各棱射影的平方和，即 $8b^2$。

故原正四面体各棱在任一平面 π 上的射影的平方和为

$8b^2=8\left(\frac{a}{\sqrt{2}}\right)^2=4a^2$(定值)。

练习题

1. 已知 PA、PB、PC 为从点 P 发出的三条不共面的射线，每两条射线的夹角均为 $60°$，有一个半径为 1 的球与上述三直线均相切。求球心 O 到点 P 的距离。

提示 考虑正方体某一顶点发出的三条面对角线，于是，题目中的球心即为正方体内切球的球心。$OP=\sqrt{3}$。

2. 已知一个四面体的三组对棱长分别为 a、b、c，有一个球与四面体的一个侧面和其他侧面的延伸面相切。求这个球的球心与四面体内切球球心间的距离。

提示 构造一个长方体，使得长方体的面对角线为原四面体的棱。

可以证明：长方体中非原四面体顶点的顶点恰是一个与四面体的一个侧面和其他侧面的延伸面相切的球的球心。

所求距离为:$\frac{\sqrt{2}}{4}\sqrt{a^2+b^2+c^2}$。

3. 在四面体 $ABCD$ 中,$AB=CD=a$,$BC=AD=b$,$CA=BD=c$. 求异面直线 AB 与 CD 所成角的余弦值。

提示 构造一个长方体,使得长方体的面对角线为原四面体的棱。于是,异面直线 AB 与 CD 所成的角可以转化为两条面对角线的夹角。所求值为$\frac{|b^2-c^2|}{a^2}$。

4. 若四面体的六条棱长分别为 a、b、c、d、e、f,体积为 V,证明:

$$3V\leqslant\left[\frac{1}{12}(a^2+b^2+c^2+d^2+e^2+f^2)\right]^{\frac{3}{2}}。$$

提示 将四面体补成平行六面体,使四面体的棱为平行六面体的各侧面的对角线。平行六面体共顶点的三条棱长分别设为 l、m、n。则 $3V\leqslant lmn$。再利用中线公式和均值不等式即可证得结论。

对食盐水中生铁锈蚀问题的探讨

郑梅花

郑梅花，郑州市第一中学化学学科正高级教师，郑州市终身名师。本文原载《化学教学》(2015年第3期)。

摘要：通过实证方式，探讨生铁在食盐水中的锈蚀问题，指出生铁的腐蚀和生锈是两个不同的概念。当生铁发生电化学腐蚀(如氧浓差腐蚀)时，生锈与腐蚀的发生部位可能并不一致，常会有水线腐蚀现象，即铁锈生成集中于水线附近，腐蚀主要发生在溶液深处。

关键词：生锈；电化学腐蚀；氧浓差腐蚀；水线腐蚀；实验探究

文章编号：1005－6629(2015)3－0040－04

中图分类号：G633.8

文献标识码：B

1　问题背景

鲁科版《化学反应原理(选修)》教材指出,钢铁中含有可充当正极材料的碳等杂质,在通常情况下暴露于潮湿空气中,表面会附上一层酸性不强的水膜,继而在表面杂质附近形成微小的原电池而腐蚀(吸氧腐蚀)。为了让学生获得感性体验,促进对电化学腐蚀原理的理解,笔者在教学时补充了盐水滴实验[1]。具体操作及现象为:将 NaCl 和酚酞的混合液滴在一块光亮清洁的铁板表面,1 ~2 min后即可看到在液滴外沿形成了清晰的红色环(a)(如图 1 所示)。但直接观察液滴覆盖的中心区(b)生铁被腐蚀而变暗的现象并不明显。

负极铁溶解现象不明显是否是由腐蚀时间较短所致呢? 笔者将实验后的铁片继续放置,最先在 a 区域观察到浅褐色锈环,最后锈点布满整个液滴覆盖区域,负极(b 区域)腐蚀仍不明显。对此,有学生认为可能是由电解质溶液用量过少导致的,继而提议通过将铁片部分浸泡于食盐水中的方式改进实验。基于这样的思考,课后笔者组织他们成立兴趣小组,一起通过实验探索、文献查阅等手段对生铁在食盐水中的锈蚀问题作了进一步探究,得到了一些意料之外的收获。

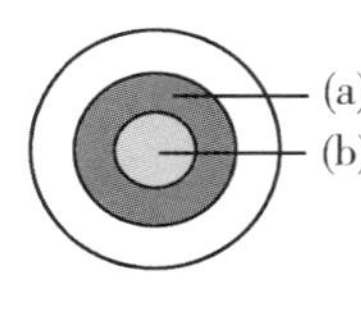

图 1　盐水滴实验

2　实验过程

实验 1　截取 15 cm × 1 cm、厚度 1 mm 的光亮生铁片,依

次用 Na_2CO_3 溶液、蒸馏水洗净表面油污。选择 18 mm × 180 mm 规格(以外径 × 长度表示)的试管,并加入约 2/3 试管高度的 2% 的食盐水。然后用细棉线将火柴棒和生铁片一端系上并使火柴棒架于试管口,按图 2 所示使铁片悬挂于试管中,其中 2/3 浸于溶液,并在自然通风环境中敞口、静置。1 h 后在水线附近(即图 2 中 a 区域)最先出现少量红褐色的锈迹。放置过夜,a 区域已有大量明显铁锈,而 b 区域呈灰黑色、无金属光泽。3 天后,锈蚀程度加剧,并有部分铁锈沉底,但 b 处无铁锈,露于空气中部分也仍无明显变化;取出铁片,擦去表面附着物,水线以下部分变薄(尤其以 b 区域附近为甚)。

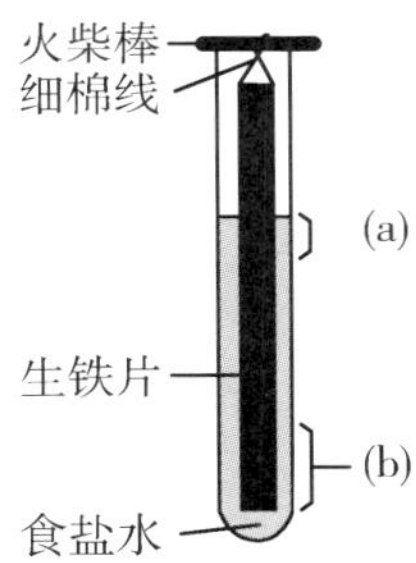

图 2 浸于食盐水中生铁的腐蚀

若将试管中的食盐水更换为蒸馏水,重复上述实验,结果与实验 1 同,但由于溶液导电性差、无 Cl^- 促进效应等,铁片腐蚀速度要慢很多(一般需要 10 天以上)。

可见,无论生铁片是浸泡于食盐水还是蒸馏水中,都是水线附近锈迹斑斑,但内层铁厚度较初始却未明显改变,而铁片在溶液深处 b 区域部分虽无锈迹却因严重电化学腐蚀而显著变薄,即铁片生锈位置与生铁腐蚀溶解位置不一致。

实验 2 按实验 1 截取并洗涤两块同样大小的光亮的生

铁片,其中一块作对照。将另一块平放于培养皿中,加入适量2%的食盐水浸没生铁片,然后在自然通风环境中敞口、静置。约3 h后整块铁片表面上均匀出现少量红色点状锈迹,放置过夜红褐色锈斑愈加明显。7天后,取出铁片,除去表面附着物并对照,厚度变薄。

实验说明,生铁片各部位都发生明显锈蚀,锈蚀程度几乎一致,并未出现实验1中生锈和腐蚀位置不吻合的状况。

实验3　按实验1操作截取并洗涤同样大小的一块光亮生铁片。取一两通管,一端配单孔橡胶塞并插上约3 cm长导管(预先充满含KCl的琼脂,作盐桥)及生铁片(露出胶塞部分上下大致相等),然后按图3组装实验装置。向两通管和烧杯中各加入适量2%食盐水至没过生铁片,将水族箱增氧泵的塑料软管插入两通管深处,通过调节阀向食盐水匀速鼓入空气。自然通风环境中敞口、静置30 min,各取两通管和烧杯中食盐水少许(记为溶液A、B),分别用酚酞、$K_3[Fe(CN)_6]$溶液检验,结果见表1。继续通空气2 h,取出铁片,其中浸于烧杯一端的铁片与另一端比较明显变薄,但均无铁锈。若改用增氧泵向烧杯中食盐水鼓气,重复以上操作,最终现象相同,但现象位置恰好相反。

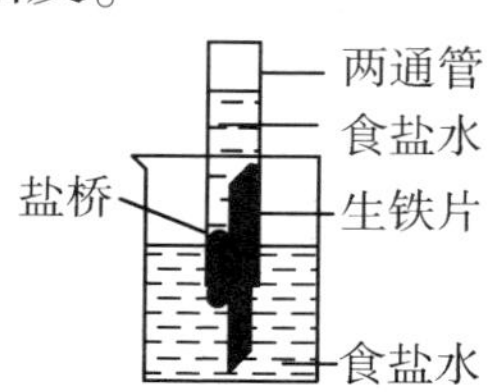

图3　不同溶解氧时生铁腐蚀的对比

表1 对实验后电解质溶液的检验结果

实验现象＼样品	酚酞溶液	$K_3[Fe(CN)_6]$溶液
溶液 A	溶液变红	无明显变化
溶液 B	无明显变化	大量蓝色沉淀

实验表明,持续通入空气一端 O_2 得电子生成 OH^-,电解质溶液显碱性,是原电池的正极区;而未通空气一端的铁片作负极,氧化腐蚀生成 Fe^{2+}。可见,电解质溶液中氧气浓度的差异会影响铁片两端的电化学腐蚀。

3 理论探讨

从热力学观点看,绝大多数的金属都具有与周围介质发生作用而转入氧化(离子)状态的倾向(发生腐蚀)。金属腐蚀是指金属与周围环境发生化学、电化学反应和物理作用引起的变质和破坏现象,一般分为化学腐蚀与电化学腐蚀,其本质都是金属原子失去电子被氧化的过程。当金属与电解质溶液接触时,由于电化学作用而引起的腐蚀叫做电化学腐蚀,通常分为析氢腐蚀和吸氧腐蚀,宏观上也可分为原电池腐蚀、接触腐蚀、浓差腐蚀(氧浓差腐蚀)等[2]。

3.1 氧浓差腐蚀简介

氧浓差腐蚀又称差异充气腐蚀,是由金属与含氧量不同的溶液接触而形成。当金属浸入含氧的溶液中时,氧的电极电位与氧分压有关,可表示为:

$$E = E^{\theta} + \frac{0.059}{4}\lg \frac{p(O_2)}{c(OH^-)^4}$$

可见,如果各部位含氧量不同,存在浓差,O_2 浓度较小的部位处金属的电位较低,成为阳极而腐蚀;而 O_2 浓度较大部位电位较高,成为电化学腐蚀的阴极。氧浓差腐蚀在生产生活中也常会遇到,如金属管道通过不同性质土壤时,黏土段(相较于碎石段)贫氧,易发生腐蚀,特别是在两种土壤的交接处的部位腐蚀最为严重(如图4)。此外,还有金属裂缝深处腐蚀,钉入木头的长铁钉、浸入水中的铁柱(闸)的腐蚀等。

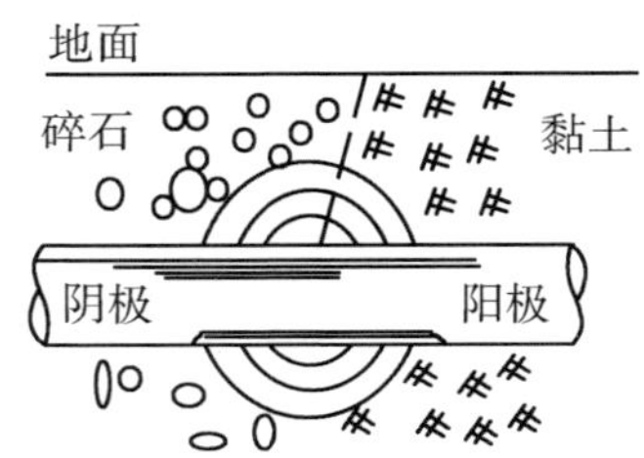

图4　金属管道的氧浓差腐蚀

3.2　腐蚀和生锈是两个概念

生铁的电化学腐蚀机理与原电池原理相同,实际上是一种短路了的原电池。当它工作时,虽然也有电流产生,但其电能不能被利用,而是以热的形式散失掉,其工作的直接结果便是造成阳极铁的溶解($Fe - 2e^- \longrightarrow Fe^{2+}$),即铁发生腐蚀。生锈则是指铁锈的生成,即阳极氧化生成的 Fe^{2+} 与溶液中的 OH^- 作用生成 $Fe(OH)_2$,继而进一步被氧气氧化为 $Fe(OH)_3$,$Fe(OH)_3$ 脱去一部分水生成 $Fe_2O_3 \cdot nH_2O$,它就是铁锈的主要成分。

可见,生铁的腐蚀和生锈是两个不同的概念[3]。当生铁发生腐蚀时不一定会生锈(如实验3),而若生锈,其发生部位与腐蚀位置可能也不一致(如实验1)。

3.3 水线附近生铁生锈最严重

部分浸于食盐水的生铁片，为什么临近水线区域生锈最严重？文献[4]介绍，由于溶液上下氧的浓度不同，引起铁表面 pH 发生变化，进一步在水线附近铁的表面形成或加强了氧化膜；而 $c(O_2)$ 小的部分（图 2 中 b 区域）即使原有的一点氧化膜也被溶解掉。两处铁的溶解已不再遵循同一动力学方程，引起两处阳极和阴极的电流密度不同，从而形成阳极区和阴极区，电子从 $c(O_2)$ 小处流向 $c(O_2)$ 大处，发生氧浓差腐蚀。

实验 1，溶液深处的铁发生阳极腐蚀生成 Fe^{2+} 并向上扩散，水线附近的 O_2 得电子不断与水作用生成 OH^-。OH^- 与从溶液深处扩散的 Fe^{2+} 生成 $Fe(OH)_2$ 附于铁片表面，并与空气中 O_2 继续反应转化为 $Fe(OH)_3$、铁锈。虽然水线附近的一些 OH^- 也会向溶液深处扩散并与 Fe^{2+} 生成 $Fe(OH)_2$，但溶液深处溶解氧少，难将 $Fe(OH)_2$ 氧化，且溶液内部处于湿润、运动状态，不利于铁锈附着，故浸入溶液中的铁片不易形成铁锈。因此，实验 1 生成铁锈集中于图 2 中 a 区域，腐蚀主要在 b 区域；而实验 3 未通空气（氧浓度小）一端阳极铁溶解，但因盐桥存在，Fe^{2+}、OH^- 不直接接触就不生成铁锈。

至于实验 2，平放于食盐水中的生铁片，各部位所处溶液深度相同、含氧量相等（或接近），无法形成典型的氧浓差电池，因而久置后的铁片表面锈斑分布均匀，无明显阴、阳极区。而盐水滴实验中，开始时液滴表面因氧的直接接触、溶解，使氧浓度较液滴中心区大，形成浓差电池而会快速出现红色环现象（生成 OH^-），但因水膜厚度小，短时间内水膜不同位置的氧浓度差就会消失,因此长时间放置不会出现锈、蚀部位不一致的情况。

4　教学反思

生铁的腐蚀和生锈是两个不同的电化学概念。实证表明,当生铁发生电化学腐蚀(如氧浓差腐蚀)时,生锈与腐蚀的发生部位不一定相同,常有水线腐蚀现象,即铁锈生成集中于水线附近,腐蚀主要发生在溶液深处。基于上述理解,反思我们教学中使用的部分习题,还需要同行全面审视,如题 1(见附录)想当然地认为,选项 A 铁棒发生腐蚀时靠近底端的部分与氧气接触少,所以腐蚀程度轻;题 2(2014 年福建高考理综卷 24 题)中生成铁锈最多的区域为什么是 B,而腐蚀最严重的为什么是 C 却不是 D 等,都值得我们进一步探讨、甄别。可见,教师对试题的研究不能仅浮于问题的表面,而要善于总结,勤于反思,乐于探究,积累经验。大胆质疑、小心论证,应该成为我们的惯用方式和教学常态。

附录

题 1:下列与金属腐蚀有关的说法正确的是

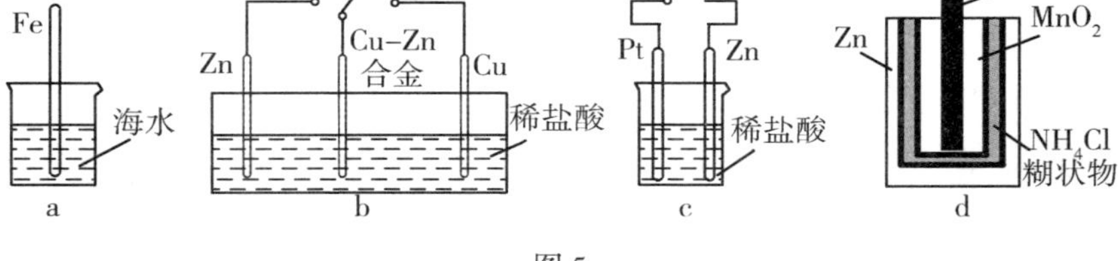

图 5

A. 图 5 - a 中,插入海水中的铁棒,越靠近底端腐蚀越轻

B. 图 5 - b 中,开关由 M 改置于 N 时,Cu—Zn 合金的腐蚀速率增大

C. 图 5 - c 中,接通开关时 Zn 腐蚀速率增大,Zn 上放出气体的速率也增大

D. 图 5 - d 中,Zn—MnO_2 干电池自放电腐蚀主要是由 MnO_2 的氧化作用引起的

参考答案:A

题 2:图 6 是实验室研究海水对铁闸不同部位腐蚀情况的剖面示意图。

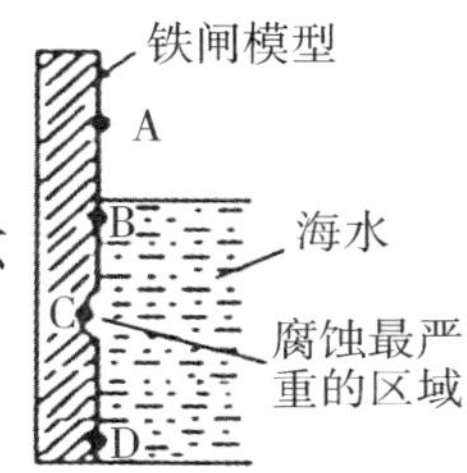

图 6

(1)该电化腐蚀称为________。

(2)图中 A、B、C、D 四个区域,生成铁锈最多的是(填字母)________。

参考答案:(1)吸氧腐蚀;(2)B

参考文献

[1]王祖浩. 普通高中化学课程标准实验教科书《实验化学》(选修)[M]. 南京:江苏教育出版社,2006. 64.

[2]【英】U. R. 艾万斯著. 华保定译. 金属的腐蚀与氧化[M]. 北京:机械工业出版社,1976. 45 - 96.

[3]肖中荣. 也说铁的腐蚀和生锈[J]. 中学化学教学参考,2011,(11):41 - 42.

[4]邹兰,李勤,魏振枢. 差异充气腐蚀产生机理的探讨[J]. 周口师范高等专科学校学报,1999,(9):33 - 35.

令人喜令人忧的沉淀溶解平衡实验

王孝军

王孝军，郑州市第一中学化学教师，特级教师，国家级化学奥赛优秀教练员。曾在《化学教育》《中学化学教学参考》《新课程教学》等刊物上发表论文多篇。本文原载于《中学化学教学参考》(2013 年 7 月刊)。

关键词：碘化铅　铅污染　沉淀溶解平衡　氢氧化镁

在一位青年教师的公开课上，我第一次看到用 PbI_2 做沉淀溶解平衡实验时，心里就咯噔一下：怎么用 PbI_2？实验后的废液如何处理？赶紧翻看鲁科版《化学反应原理(选修)》教材第 90 页，啊？书上安排的！虽然随后看到学生做此实验的成功和喜悦，但是，当看到学生洗涤整理仪器时，随手把 PbI_2 倒入水池，心里很不是滋味。

经分析计算和实验，发现课本实验的优点有：①PbI_2 饱和

溶液中 Pb^{2+} 的浓度较大[20℃时，PbI_2 溶度积 $K_{sp} = 7.1 \times 10^{-9}\ mol^3 \cdot L^{-3}$，则20℃时，$PbI_2$ 溶解度 $S = 0.055$ g(属于微溶电解质)，$c(Pb^{2+}) = 1.2 \times 10^{-3}$ mol/L]，滴入 KI 溶液时容易生成较多沉淀；② PbI_2 呈黄色现象明显；③PbI_2 密度大易于沉降(现象见下图)。

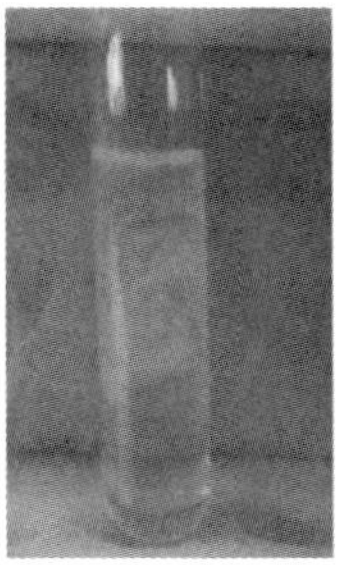

图 1

课本实验的不足之处是：容易造成严重的铅污染：设一次演示实验仅取用0.3 g PbI_2，按国家《生活饮用水卫生标准》铅含量<0.01 mg/L 计算，0.3 g PbI_2 全部溶于水时，将造成13.5吨水铅超标。如果一个班级做一次分组实验(按20组)，将造成270吨水铅超标。太可怕了。令人惊愕的是，课本和教师用书上都没有安排 PbI_2 实验后废液如何处理。

【实验改进1】

①用热水溶解 PbI_2，把滴加的0.1 mol/L KI 改为1 mol/L KI 溶液，这样可以缩短实验时间。②在实验后的 PbI_2 废液中，一定要滴加足量 Na_2S 溶液。通过反应：$PbI_2(s) + S^{2-}(aq) = PbS(s) + 2I^-$ 以消除铅污染。设滴加 Na_2S 后溶液中 $c(S^{2-})$ 只有 10^{-3} mol/L，则由 $K_{sp}(PbS) = 9 \times 10^{-29}$ 计算可得，$c(Pb^{2+})$ 可降到 9×10^{-26} mol/L(即 1.9×10^{-20} mg/L，远远

低于国标0.01 mg/L),可以消除铅污染。③Na_2S溶液最好在讲到课本94页“沉淀的转化”时再滴加(由黄色沉淀转化为黑色沉淀,现象非常明显),以省略“ZnS沉淀和$CuSO_4$溶液反应”这一沉淀转化实验。这样,可以起到“废物”利用、一物多用的示范作用。(现象见下图)。

图2

改进效果:以上改进,时间缩短了,现象明显了,铅污染消除了,废物利用了,师生共同环保了。

【实验改进2】

用氢氧化镁代替碘化铅做沉淀溶解平衡实验:在试管中加入约50℃的水5 mL(常温水也行,现象慢些),滴加1~2滴酚酞溶液振匀,插入擦掉氧化膜的镁带,可见镁带表面出现淡淡的红色和细小的气泡,这是Mg和H_2O发生了反应:$Mg + 2H_2O \xlongequal{} Mg(OH)_2\downarrow + H_2\uparrow$,随后可以看到红色自镁带表面慢慢地向外扩散——这表明难溶电解质$Mg(OH)_2$在慢慢地溶解,溶液中的Mg^{2+}和OH^-在不断增加。当红色深浅不变时,表明溶液中的Mg^{2+}和OH^-重新结合成$Mg(OH)_2$,其沉淀速率和$Mg(OH)_2$的溶解速率已基本相等,即达到了沉淀溶解平衡。由$K_{sp}[Mg(OH)_2] = 5.6\times10^{-12}\,mol^3\cdot L^{-3}$计算可得,

在饱和 $Mg(OH)_2$ 溶液中，$pH \approx 10.3$，酚酞的变色范围是 8.2 ~10，现象和计算完全吻合，同学们高兴得不得了。（现象见下图）。

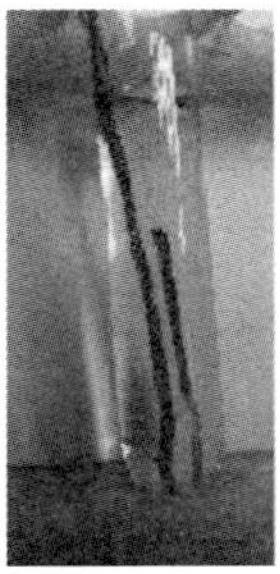

图 3

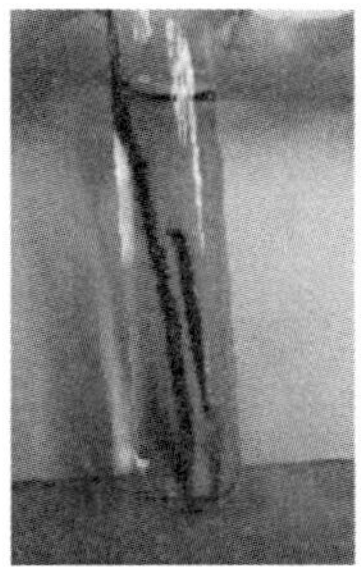

图 4

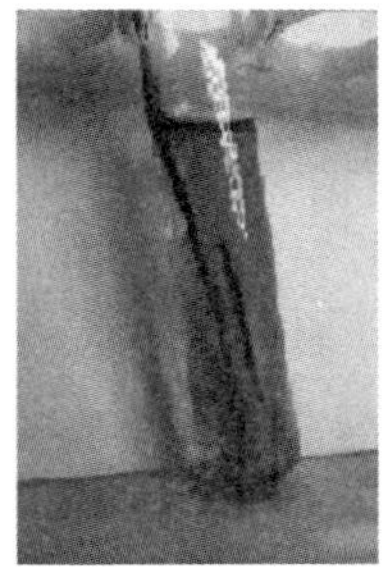

图 5

改进效果：更具动感，实验后的氢氧化镁废液不污染水体，镁带可回收，多次利用，适合学生分组实验。

参考书目

[1]北京师范大学等三校，《无机化学》上册（第 4 版），高等教育出版社，2002.336－337，419－420.

[2]王明召，《化学反应原理》，山东科学技术出版社，2010. 90－94.

[3]王明召，《化学反应原理》（教师用书），山东科学技术出版社，2010.177－185.

[4]《生活饮用水卫生标准》表一：水质常规指标及限值.

基于 GIS 和 RS 的黄石市矿山地质环境定量评价

杨青华　李 艺　杜 军

杨青华，郑州市第一中学地理教师，硕士。郑州市地理学科中心组成员。李艺，广西师范大学环境与资源学院地理系主任，教授，硕士生导师。杜军，河南省科学院地理研究所，博士，研究方向：资源环境遥感。本文原载《长江科学院院报》(2010 年第 8 期)。

摘要：采用 GIS 和 RS 技术，以黄石市（黄石港区、西塞山区、下陆区、铁山区）为研究对象，利用 2009 年 1 月 27 日和 2008 年 12 月 16 日 SPOT5 遥感数据，结合研究区的地形图及采矿登记权等相关资料，建立矿山地质环境评价体系。针对各指标，提出与之相适应的 GIS 和 RS 提取方法，得到单因子分级图。运用层次分析法，给各指标因子赋权重。再根据评价指标分级体系和矿山地质环境综合评价模型，运用 GIS 的栅格运算功能,对各指标因子进行栅格计算、空间叠加,最终得到黄石市矿山地质环境评价分区图。该研究结果为黄石市矿山地质环境保护与恢复治理规划提供了有益的参考和借鉴,并为矿山地质环境定量评价研究奠定了一定的理论基础。

关键词:矿山地质;地质环境评价;GIS;RS;黄石市

中图分类号:P642;X141

文献标识码:A

黄石市(黄石港区、西塞山区、下陆区、铁山区)位于湖北省东南部,长江中游南岸,矿产资源丰富,素有"钢铁故乡,水泥摇篮"之称,全市已发现的矿产有能源、金属、非金属、水气四大类。铁、铜、煤、石灰石等是黄石的优势矿产,尤其是石灰岩、白云岩找矿前景看好,且远景规模大,质量好,宜露天开采;天青石等矿产尚未开发利用,品种配套程度高,潜在经济价值大。矿业开发为黄石市经济建设作出重要贡献的同时,也给矿区地质环境带来了严重的负面影响,引发、诱发各类地质灾害,既对矿山工程活动造成威胁,又制约了矿山的可持续发展。

1 矿山地质环境评价指标体系的建立与分级

1.1 评价指标体系的建立

目前国内尚无一个统一的矿山地质环境评价指标体系。在评价矿区地质环境时,各家采用的评价指标不一致、方法不统一[1-5],因而其评价结果的主观性强。2009 年 5 月 1 日国土资源部制定的《矿山地质环境保护规定》确定其适用范围是:因矿产资源勘查开采等活动造成矿区地面塌陷、地裂缝、崩塌、滑坡，含水层破坏，地形地貌景观破坏等的预防和治理恢复。《矿山地质环境保护规定》将“三废”治理与土地复垦排除在适用范围之外。

根据国土资源部2009年5月制定实施的《矿山地质环境保护规定》中对矿山地质环境范围的界定，以及数据的可获得性、可操作性和系统性原则，结合研究区地质背景、自然环境和矿山开发现状，本文构建了包括矿山地质背景、矿山开采状况、矿山灾害环境和自然地理环境4项准则层和11项指标层的指标体系(见图1)。

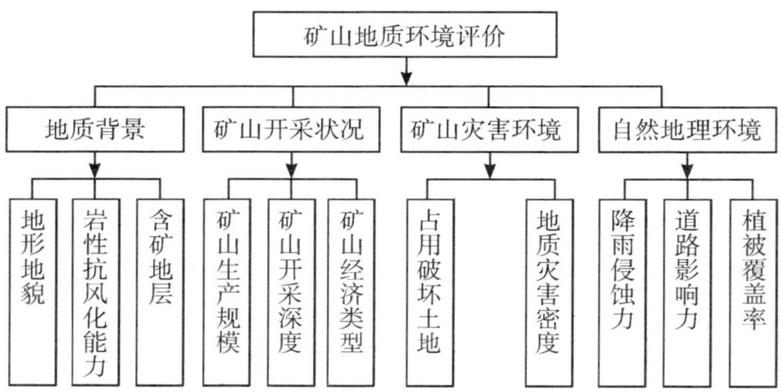

图1　矿山地质环境评价体系图

1.2　评价指标等级确定

本文用矿山地质环境问题的严重程度来表征矿山地质环境的优劣。评价矿山地质环境首先要确定影响矿山地质环境指标的等级。确定评价指标等级有3种方法[6]：①直接采用国家标准、行业标准作为矿山地质环境质量评价指标因子等级的依据。②采用行业推荐值或地区(矿区)平均值作为划分指标等级的依据。③依据矿山地质环境调查评价的实地情况，借鉴相关学科方法，制定适应于矿山地质环境评价的指标等级。优先制定定量化指标,确有困难时可采用定性描述指标等级。

中国地质调查局2004年10月颁行的中国地质调查工作标准《区域环境地质调查总则(试行)(DD2004－02)》规定:按地质环境质量指标数值对评价区进行综合性区域地质环境等级分区,分区等级统一规定为地质环境质量好、较好、较差、差4级。以此原则将评定矿山地质环境的指标因子及矿山地质环境等级划分为"好"(Ⅰ级)、"较好"(Ⅱ级)、"较差"(Ⅲ级)和"差"(Ⅳ级)4个等级。各等级赋值标准分值分别为:Ⅰ级3分、Ⅱ级5分、Ⅲ级7分、Ⅳ级9分[6],见表1。

表1 各指标因子等级赋值标准及加权评定分值对应等级

等级	好(Ⅰ级)	较好(Ⅱ级)	较差(Ⅲ级)	差(Ⅳ级)
各等级指标因子评定分值	3	5	7	9

2 评价指标量化提取

2.1 坡度因子的提取

坡度因子是基于1∶50 000DEM数据,利用ArcMap软件中3DAnalyst的Surface Analysis分析模块提取出坡度分级图。

2.2 地层岩性因子提取

在获取的地层信息数据的基础上,根据地层是否含矿和岩石的抗风化能力进行分级赋值。按照地层矿石含量,将其分为不含矿、含灰岩、含煤炭和含铁4类。按照岩石的抗风化能力,将其分为强、较强、较弱和弱4级。

2.3 矿山开采状况各因子的提取

根据收集的矿权数据和遥感影像处理后的解译数据，对矿山生产规模、矿山开采深度和矿山经济类型进行分级提取。按照对应的分级标准，将企业规模划分为小型、中型、大型和特大型4类；开采深度划分为<100，100～300，300～500，>500这4级；经济类型划分为国有企业、集体企业、联营企业（包括股份合作企业、有限责任企业和股份有限公司）和私营企业4类。

2.4 矿山开发占地因子的提取

矿山开发占用破坏土地划分为复垦区、工矿建筑、中转场地（包括煤堆、其他矿石堆、洗煤场、选矿场和选矿池）和固体废弃物（包括排土场、尾矿库、煤矸石堆和废石堆）、采场4类。

2.5 地质灾害密度图的生成

密度制图根据输入的要素数据集计算整个区域的数据聚集状况，从而产生一个连续的密度表面。密度制图主要是基于点数据生成的，以每个待计算格网点为中心，进行圆形区域的搜寻，进而来计算每个格网点的密度值[7]。

本文采用2 km×2 km为单元划分格网，根据解译和综合收集的黄石市地质灾害信息，生成地质灾害密度图。

2.6 植被覆盖度因子的提取

植被覆盖度是指植被冠层或叶面在地面的垂直投影面积占统计区总面积的百分比。本文基于像元二分模型计算植被覆盖度。在SPOT5多光谱遥感影像基础上，采用标准化植被指数（NDVI）的方法来计算植被覆盖度，其指数公式为[8]

$$NDVI=(NIR-R)/(NIR+R)。(1)$$

式中：NIR 为近红外波段反射率；R 为红光波段反射率。

进而根据公式(1)，获得植被覆盖度为

$F_c=(NDVI-NDVI_{soil})/(NDVI_{veg}-NDVI_{soil})$。(2)

式中：F_c 为植被覆盖度；$NDVI_{veg}$ 和 $NDVI_{soil}$ 分别为纯植被和纯裸土的归一化植被指数，其中，$NDVI_{soil}=NDVI_{min}$，$NDVI_{veg}=NDVI_{max}$。

在 ERDAS/IMAGINE 遥感图像处理软件支持下，在目视解译的基础上采取最大似然法对遥感影像每个像元的植被覆盖度进行计算机自动判别，进行除噪处理后得到研究区植被覆盖度最终分类结果。

2.7 降雨侵蚀力因子的提取

根据王万忠等人绘制的中国年降雨侵蚀力等值线图[9]，利用 Spline 内插法，得到该流域降雨侵蚀力栅格分布图。利用自动分级，将其分为 5 级，可得到土壤侵蚀对降雨侵蚀力影响的分布图。

2.8 道路影响因子的提取

利用欧式距离分析得出各点到道路的最短距离。欧氏距离(Euclidean distance)是一个通常采用的距离定义，它是在 n 维空间中 2 个点之间的真实距离。欧式距离的公式为

$$d=\sqrt{\sum_{i=1}^{n}(X_{1i}-X_{2i})^2}。(3)$$

式中：$i=1,2,\cdots,n$；X_{1i}表示第 1 个点的第 i 维坐标，X_{2i}表示第 2 个点的第 i 维坐标。

欧氏距离看作信号的相似程度。距离越近就越相似，就越容易相互干扰。

3　评价指标权重值的确定

层次分析法是由美国著名运筹学家萨蒂(T. L. Satty)提出的一种多目标、多准则的决策方法。他通过整理和综合专家们的经验判断,将专家们对某一事物的主观看法进行定量化。其基本原理是将要识别的复杂问题分解成若干层次,然后由相关专家对每一层次上的各指标通过两两比较相互间重要程度构成判断矩阵,通过计算判断矩阵的特征值与特征向量,确定该层次指标对其上层要素的贡献率,然后通过层次递接技术,求得基层指标对总体目标的贡献率[10 11]。

通过建立判断矩阵,运用层次分析法,最后得到各层因素的权值如表2所示。

表2　矿山地质环境评价指标权值分配表

准则层	权值分配	指标层	权值分配	因子权重
地质背景U1	0.187	地形地貌C_1	0.614	0.115
		含矿地层C_2	0.268	0.050
		岩石抗分化能力C_3	0.117	0.022
矿山开采状况U2	0.196	矿山生产规模C_4	0.144	0.105
		矿山开采深度C_5	0.079	0.058
		矿山经济类型C_6	0.045	0.033
矿山灾害环境U3	0.536	占用破坏土地C_7	0.262	0.192
		地质灾害密度C_8	0.470	0.344
自然地理环境U4	0.081	植被覆盖率C_9	0.637	0.052
		降雨侵蚀力C_{10}	0.258	0.021
		道路交通C_{11}	0.105	0.008

注:层次总排序的一致性检验为CI=0.065 8,RI=0.974

5, $CR = CI/RI = 0.0675 < 0.1$,满足一致性检验。

4 矿山地质环境定量评价

4.1 综合评价模型和空间叠加分析

矿山地质环境评价是受上述多个因子综合影响的,在单因子分级提取的基础上进行矿山地质环境综合评价。为此,采用矿山地质环境评价综合指数模型

$$S = \sqrt[11]{\prod_{i=1}^{11} W_i P_{ij}} 。(4)$$

式中:S 为矿山地质环境评价指数;W_i 为评价因子权重;P_{ij}为评价因子;j 为评价单元;i 为第 i 个评价因子。

叠加分析是 GIS 中一种常用的空间分析模式,是一专题信息层与另外的专题信息层之间的叠合,实现不同专题信息层及其属性数据之间的叠加,产生新数据的过程。根据叠加分析数据可分为基于栅格数据的叠加分析和基于图形数据的叠加分析。本次应用研究主要利用 GIS 软件的基于栅格数据的叠加分析功能实现矿山地质环境评价因子的评价分区。

4.2 评价结果分区

通过上述对权重的确定,利用综合评价公式,则可计算出每个单元的综合指数。其分值分布在 0.11 ~ 0.38 之间,利用 GIS 空间分析模块[7],求得综合指数频率分布曲线(图 2),根据曲线突变点(S 值为 0.15,0.20,0.28)初步确定矿山地质环境评价分区阈值。

依据上述评价方法,采用综合指数分值确定各评价单元等级,将评价分区划分成矿山地质环境影响极严重区、严重

区、中等区和较轻区 4 级。评估分区标准为：矿山地质环境影响程度指数 S >0. 28，为矿山地质环境影响极严重区；0. 28 > S >0. 20，为矿山地质环境影响严重区；0. 20 > S >0. 15，为矿山地质环境影响一般区；S <0. 15，为矿山地质环境影响较轻区。

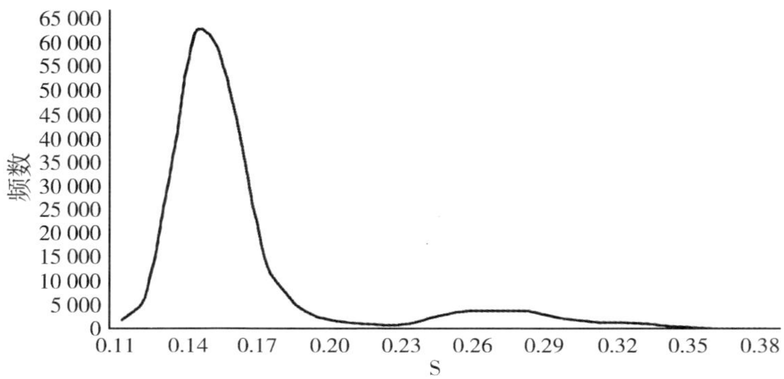

图 2　综合指数 S 分布频率曲线图

利用 ArcGIS 中 Grid 模块的图形空间叠加和运算功能，在兼顾矿区边界完整性基础上，利用 ArcView 软件绘制黄石市矿山地质环境评价分区图（见图 3）。将评价分区划分成矿山地质环境影响极严重区、严重区、中等区和较轻区 4 级。其中，影响极严重区面积约 16. 21 km^2，约占研究区面积的 9. 81%；矿山地质环境影响较严重区面积约为 27. 24 km^2，约占研究区面积的 16. 48%；中等区面积约为 70. 24 km^2，约占研究区面积的 42. 49%；较轻区面积约为51. 61 km^2，约占研究区面积的 31. 22%。

由分区结果得出：国有老铁矿和老煤矿区矿山环境问题仍然是黄石市矿山环境保护的工作重点之一，如铁山区露天和地采铁矿区、黄荆山北麓地采煤矿地段等矿山环境影响极严重区的矿山地质灾害问题十分突出。集体、私营个体小型矿山环境问题仍将十分突出,如铁山区地采煤矿和露采灰岩,以及下陆区和西塞山区露采灰岩形成的矿山环境较严重区。矿山地质灾害、土地占用及破坏、地下水系统破坏等矿山地质环境问题,相当长时间内仍然存在。

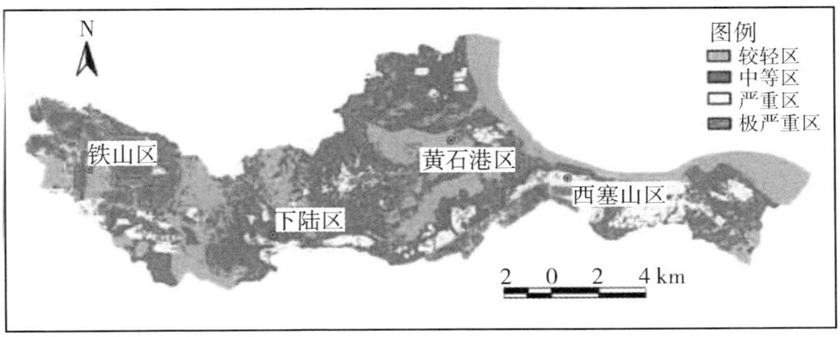

图 3　黄石市矿山地质环境影响评价分区图

5　结论与展望

本文对黄石市矿山地质环境评价进行了探讨,得到的分区结果与实际情况和其他部门做出的评价结果基本吻合,证明选取的评价体系和方法是可靠有效的。但由于遥感数据对含水层破坏(尤其是地下水均衡系统)信息提取的局限性,本文对矿山地质环境中的含水层破坏未能提取,使得地质环境评价体系不够全面。

遥感作为主要的空间数据获取和地学空间探测技术,为地理信息系统提供最新最准确的海量数据信息,在遥感图像处理软件和地理信息系统软件平台的支持下,两种技术的结合能对地质环境进行定量准确分析和评价,为区域地质环境的持续发展提供科学准确的依据,在环境科学中有着广阔的应用前景。

参考文献

[1]徐友宁. 矿山地质环境调查研究现状及展望[J]. 地质通报, 2008,27(8):1235 –1243.

[2]胡明安,徐伯骏, 张晓军, 等. 鄂东南大型矿业基地资源开发的环境影响评价指标及生态重建示范工程调研[M]. 武汉:中国地质大学出版社,2004.

[3]张进德,张德强,田磊. 全国矿山地质环境调查与综合评估技术方法探讨[J]. 地质通报,2007,26(2):136 –140.

[4]曹树刚,武晓敏,刘敏. 重庆矿山地质环境评价方法探讨[J]. 山东科技大学学报(自然科学版),2007,26(2):1 –4.

[5]陈学军,刘宝臣,官志华. 矿山环境质量多层加权综合评价方法[J]. 桂林工学院学报,1997,17(2):178 –182.

[6]徐友宁,何芳,袁汉春,等. 中国西北地区矿山环境地质问题调查与评价[M]. 北京:地质出版社,2006.

[7]汤国安,杨昕. ArcGIS 地理信息系统空间分析实验教程[M]. 北京:科学出版社,2006.

[8]杨青华,张志,杜军,等. 三峡库区下岸溪小流域水土流失现状评估[J]. 长江科学院院报,2009,26(4):53 –56.

[9]王万忠,焦菊英,郝小品,等. 中国降雨侵蚀力 R 值的计算与分布(Ⅱ)[J]. 土壤侵蚀与水土保持学报,1996,2(1):29 –39.

[10]王广成,闫旭骞. 矿区生态系统健康评价理论及其

实证研究[M].北京:经济科学出版社,2006.

[11]罗娟,陈守余.矿山环境质量评价指标体系及层次分析法评价[J].安全与环境工程,2005,12(1):9-12.

思维导图在高中政治课堂应用中的现状及对策初步研究

魏　巍

魏巍，武汉大学哲学硕士，郑州市第一中学政治教师。本文系河南省郑州市社会科学调研课题“思维导图在主体课堂模式下的高中政治课程教学中的应用研究”（ZSLX2015769）成果。

摘要：新课程改革以来，思维导图策略被逐渐引用到高中政治课教学中，对有效提高课堂教学效率起到了积极的作用。但在实际的操作过程中，思维导图的运用仍旧存在着一些不可忽视的问题。本文从目前存在的问题着手，结合本课题组教学实践的过程提出来了一些解决思路，这将推动思维导图策略在高中政治课堂教学中发挥更大的作用。

关键词：思维导图；政治教学；问题策略

引 言

在传统的课堂教学模式中,教师往往通过采用讲解形式的教学方式,使自己成为课堂的中心,压抑了学生的自主思考能力、探究能力和创造力;教师的讲解往往是碎片化的知识,很难使学生了解并形成相关的知识体系;同时,教师由于急于完成授课任务,往往会忽视学生探究氛围的创设,学生没有兴趣也没有机会参与到课堂教学活动中,政治课堂对学生而言显得枯燥无味。

基于这些教学问题的存在困境,思维导图在高中政治课教学中被运用得越来越广泛,对有效提高课堂教学效率起到了积极的作用。作为一种高效且实用的对特定主题建构知识结构的视觉化表征,通过绘制图表的方法,思维导图能将思维痕迹用色彩和线条形成发散性的结构表达出来,有助于加强学习者的记忆和学习效果,已在多科教学实践中得到应用。但在实际的操作过程中,思维导图的运用仍旧存在着一些不可忽视的局限,这些问题需要进行更加深入的思考和探索,以挖掘思维导图在政治课教学中的更大价值。

一、思维导图在政治课堂应用中存在的主要问题

(一)如何在较短的课堂教学时间内完成

基于现有的高考模式和社会上的就业导向,高中学生一般会把主要精力放在语文、数学、英语、物理、化学、生物等公共基础科目和自然科学科目上,而对于政治这一门社会科学性质的科目投入时间相对较少。为了保证学生的学习效果,

教师需要合理安排课堂时间,以帮助学生在有效的40分钟里完成回忆复习、讲授新课和巩固练习等环节。

而现在高中政治课程的内容设置包含了马克思主义经济学、马克思主义政治学和马克思主义哲学等诸多内容。基于新课改的导向,教师在授课过程当中既要讲解理论,又要穿插时政事件,以引导学生提高理论结合实际的能力。如果再加上学生绘制思维导图的环节,那么40分钟一节课的课时略显紧张。

因此,思维导图在高中政治课堂中的运用就遇到了第一个问题:如何在课堂上宝贵的40分钟时间里既完成课堂教学任务,又让学生有足够的时间来绘制思维导图,或者说如何通过引导学生绘制思维导图来辅助教师更高效地完成课堂教学任务。

(二)如何引导学生有效绘制思维导图

出于学生素质和教学条件等因素的限制,学生在课堂上绘制思维导图往往采用手工绘制为主的形式。而学生在初始阶段往往需要耗费大量时间,经过反复的修改与完善之后,才能够绘制出一幅清晰而又美观的思维导图。另外,在实际教学过程中,部分学生花费大量的时间来提升思维导图绘制美观程度,而不是去分析知识之间的内在联系性和知识的整体结构性,这就使得思维导图成了学生高效学习的阻碍。

思维导图在高中政治课堂中的运用就遇到了第二个问题:如何引导学生有效绘制思维导图。

(三)如何使思维导图发挥出更好的效果

思维导图并不能单独在课堂教学中使用,它需要配合其他多种教学手段。一方面,需要教师具备较强的课堂掌控能力以及实际运用技术才能较好地实现其价值。另一方面，学生个人的操作能力和把握程度等诸多因素也会影响到思维导图在政治课教学活动中的实际效果。如果学生在课堂之前不预习，或者是预习不充分，则绘制思维导图的过程会显得费时费力，效果不佳，难以提高课堂学习效率。

思维导图在高中政治课堂中的运用中的第三个问题就是：如何使思维导图在课堂中发挥出更好的教学效果。

二、运用多种手段优化思维导图在政治教学中的实际效果

针对上述问题，可以尝试从以下几个方面进行探索，以解决思维导图在政治教学运用过程中出现的问题。

（一）教师辅助，运用于知识回顾环节

迫于高考的压力，各科老师在课后布置给学生的作业量往往都非常大，学生可供自己自由支配的时间就非常有限，因此也不太可能会有课余时间以思维导图的形式整理课堂内容。所以，教师最好将这个环节安排在课堂上完成。一般情况下，教师在讲完本节课所要讲授的内容后，都会用口述或者是 ppt 的形式总结回顾本节课知识，而学生则会以线性笔记的方式记录教师的总结。

教师要充分利用这个回顾知识的环节。教师通过合理安排课堂时间，每节课尽量精讲、少讲，省出课堂上 5 分钟左右的时间，引导鼓励学生用思维导图的形式将本节课所学习的内容加以整理。这样一方面可以引导学生及时巩固与复习课堂所学内容，另一方面也能督促学生用思维导图寻求知识联

系、构建知识框架。

（二）小组合作，以集体形式完成绘图

如前所述，学生在现有教学条件下，在课堂上一般以手工绘制思维导图为主。如果在教学过程中采取以学生个体为单位来绘制，则会花费较多时间；如果采用团队合作的方法，则可以节约时间。首先将学生分成不同小组，每个小组按照教师分配的任务来完成对不同知识模块的思维导图的绘制；然后将所有小组的绘制成果进行整合，通过各个小组的合作来完成一个完整的知识体系的思维导图。我们在教学实践过程中发现，利用小组合作、集体绘制的方式来完成一个单元、一个章节，或者一个完整的知识模块的思维导图，不仅完成时间会大大缩短，而且由于凝结了集体的智慧，绘制过程往往能更好辅助学生完成对知识结构的理解和整合，更具有效性。

（三）精简绘图，提高学习效率

思维导图本身更强调立体性，强调用具体的、可视化的图来呈现主题关键词之间的联系。而我们在教学实践过程中发现，学生绘制的思维导图，仍然带有较强的线性笔记的痕迹。一个明显的特点就是文字过多。这主要是由于学生对所学知识内容理解不准确、不到位，所以提炼不出关键词；或者学生过于注重语言的“准确性”而把书上大段的文字表述抄写到思维导图上。而我们要想在政治课堂中高效绘制并有效使用思维导图，就需要引导学生对思维导图进行“精简”和“瘦身”，让学生在绘制过程中寻找最准确的关键词，既能减少记忆量，又能掌握最核心的知识信息，从而提高学生的学习效率。

(四)提前准备,合理指导学生绘图

在教学实践过程中,教师为更好地把思维导图引入课堂提升教学效果,就需要做好相应的准备工作。首先,教师自己课前制作好本课的思维导图以备用,上课时可以为学生提供已经制作了一部分的思维导图作为示范,从而引导学生合理绘制。其次,学生也要做好课前预习,尽可能熟悉本节课要学习的知识,这样就可以更有效听讲、更有效地整合知识,从而能有效绘制思维导图。最后,学生也可以多准备几只彩色水笔用于绘制,这样可以使思维导图色彩更鲜明、更具有立体感,从而更能增强学生的记忆效果。

(五)应用软件,高效绘制思维导图

随着思维导图应用软件的诞生和发展,利用计算机软件绘制思维导图成为一种趋势,思维导图也将更加普及,除了探讨在思想政治课手绘思维导图外,还可以探讨如何使用软件来绘制思维导图。

当然,除了上述几个策略以外,还有很多解决方案,这就需要我们教育教学工作者积极探索,不断改进,使思维导图在政治教学中发挥其应有之义。

结　语

我们教育工作者致力于不断思考和探索新的教学模式来践行新课改的理念。把思维导图策略引入高中政治课堂是一种新的教学模式的尝试,我们将会在教学实践过程中逐步探索其应用方式和应用价值。

浅析音乐教育对培养高中生健康人格的重要性

耿海荣

耿海荣，郑州市第一中学音乐教师，河南省音乐家协会会员，先后获国家级、省级、市级优质课一等奖，并获得“河南省教学标兵”称号。本文原载于《基础教育论坛(综合版)》[2016年第25期(总207期)]。

摘要：健康人格的理想标准就是人格的生理、心理、社会、道德和审美各要素完美地统一、平衡、协调，人的才能得以充分发挥。而教育的基本功能就是培养健康的人格，《中国教育改革和发展纲要》指出：“美育对于培养学生健康的审美观念和审美能力，陶冶高尚的道德情操，培养全面发展的人才，具有重要作用。”这充分体现了音乐教育对培养学生健全人格的重要性。而高中音乐教学是培养学生健康人格的重要一环，是着眼于后天的环境影响、学习和训练对学生健康人格的形成而设置的。

关键词:健康人格　音乐教育　高中生

一、培养学生的心理素质

中国青少年研究中心发布《中日韩美四国高中生学习意识与状况比较研究报告》,报告显示中国高中生的压力是四国中最大的。这些压力长久持续会对学生的成长造成严重的后果,而音乐是可以增加心理弹性的。心理弹性是个人应对压力、挫折、创伤等消极生活事件的能力或特质,是个体所具有的特征。困境是每个人都可能遇到的,身处困境之中会让人在不同程度上体验到消极的情绪,会因情绪状态而影响到行为,更会因行为而影响到结果。因此,如何应对困境是每个人都要学习的技能。人在面临压力和逆境时,没有被击垮而是很好地应对了这些危险处境的能力称为"心理弹性"。心理弹性是个体持续应对压力所需要的人格素质,它通过内部和外部保护性因素得到发展。心理弹性大的人会借助减少危险的影响,或者减少暴露于危险因素的机会来调节危险因素,使其对个体的消极影响降低;会减少不幸经历后的负面连锁反应;会设法提高自尊和自我效能感。当人们听到音乐时,音乐能使人的大脑皮层松弛,同时产生"兴奋灶",引起愉快的情绪和舒适的、欢乐的情感,从而提高人的自我效能感和自信心。高中音乐鉴赏教学选择适合学生年龄特点的最美的音乐作品做教材,能使学生得到美的享受和心情的愉悦,更容易摆脱、忘记痛苦和不愉快,提高抗挫折的能力。

当我们从关注学生学习心理的角度出发，会发现音乐鉴赏中作曲家的创作故事可以培养学生健康的心理，开启乐观向上、勇于挑战的进取心，培养健康的人格和良好的个性。例如：在欣赏贝多芬的《第九交响曲》时，学生们被贝多芬顽强的与病魔斗争的意志和坚定“自由、平等、博爱”的信念所感动，重疾之下依旧创作，生命垂危依然斗争……在这一过程中，充分培养学生正视现实、承受挫折、摆脱困境，在挫折中生存，在逆境中抗争的柔韧的心理素质。

二、提高学生审美情趣

罗丹说：“艺术就是情感。”从心理学上讲，情感是人对客观现实的一种特殊的反应形式。高中音乐课程作为实施美育的重要途径，其特点就是情感审美。而师生之间和谐的情感交流是音乐教学优化审美功效的重要标志。在实践教学中，情感体验是可以获得和培养的。只有当学生对所感知的美有深刻的情感体验时，才会产生对美的热爱；只有把培养学生对音乐的感受、理解和想象与音乐情感联系起来，才能真正体现音乐审美的意义。例如：欣赏《问》时，我从音乐的创作背景、作者生平及代表作品入手，通过完整地聆听作品，让学生对作品有初步的印象；随后带着学生学唱作品的主要的旋律，目的是进一步加深学生对作品的情感体验，并要求学生以“青春”为题，以口头的形式表达对作品的理解。学生经过聆听、学唱、体验、感受后，对这部作品有了自己独到的见解：从现在社会青年学生现状出发，号召从自我做起，从小事做起，珍惜青春和年华，为祖国奉献自己的微薄之力……

三、发展良好的道德水平

音乐教育能陶冶道德情感。德国作曲家瓦格纳说："心灵的器官是乐音，心灵的艺术意识语言是音乐。"当我们接触一部音乐作品时，我们正感受着作曲家的灵魂，并直接触摸到了他们的情感，不管是欢快的音乐还是悲伤的音乐，都能引起听者的共鸣，这就是音乐的语言。在平时的课堂音乐欣赏教学之中，我特别注重培养学生在音乐欣赏中获得真、善、美的情感体验和获得心灵的净化！在教学范唱中，我以健康的歌词，积极的音乐形象，直接触动学生的情感中枢，震撼学生的心灵，对学生的情感世界、思想情操、道德观念的感召和影响是很大的。好的歌词能够潜移默化地重熏学生的心灵，使音乐教育互相渗透、融会贯通，达到教书育人的目的。在音乐鉴赏的教育中，不仅可以使学生增长音乐知识，提高欣赏能力和理解能力，开拓艺术视野；还可以使学生得到美的享受，从有声的音乐获得无声的情感体验，从而提高对真善美与假恶丑的辨别能力。于是，思想境界得以升华，感人的旋律和学生的心灵融为一体，相互产生强烈的共鸣。音乐教育除了指导学生掌握一定的音乐知识和技能外，最根本目的是通过音乐的特殊功能，让学生体验音乐形象所展示的崇高思想，逐步形成正确的道德观念，树立高尚的情操。

四、促进人际关系的和谐

人际交往能力也称社会交往能力，是指妥善处理组织内外关系的能力，包括与周围环境建立广泛联系和对外界信息的吸收、转化能力，以及正确处理上下左右关系的能力。欣赏音乐产生的愉快情绪能减少人对社交的焦虑。音乐是以情感为基础的心灵交流方式，它能够培养学生乐观、豁达、开朗的性格，可以缓解人们之间的很多矛盾。托尔斯泰曾说："有时人们相处在一起，虽然互不敌视，但是彼此的情绪、情感，格格不入。突然间，音乐像闪电一样，把所有的人联系在一起，抛弃过去的隔阂，甚至敌视，人们感觉到团结和友爱。"音乐活动能调动人的情绪，轻松欢快的音乐能使大脑及整个神经功能得到改善。节奏明快能使精神焕发，消除疲劳；旋律优美能安定情绪，集中注意力，增强人们的生活情趣，有利于身心健康。

新型人才的重要特征是以人的身心和谐、健康发展为基础，而音乐教育通过声音艺术直接作用于人的思想感情，帮助学生发展良好的生活态度、乐观的性格和良好的心智，培养学生感受美、理解美、表现美和创造美的能力，更重要的是通过美育的手段提高人的身心健康，培养人的健全人格，从而实现人与自然与社会的和谐发展，最终达到全面发展和自我完善的崇高目标！